华东师范大学出版社

微课程设计与制作教程

蔡 跃 著

前 言

微课程是信息技术高度发展的产物,为实现教育变革及信息技术与课程深度融合提供了思路。微课程在各类教育领域的广泛应用,使其成为近两年教育技术研究甚至教育研究的重要内容之一。信息技术改变了人类的工作和学习方式,赋予教育从业者新的内涵和要求。信息技术的更新必将导致教师教学模式发生革命性变革。以可汗学院(Khan Academy)与 TED-Ed 为代表的国外在线微视频(时长约 5~15 分钟)学习资源的出现与流行,大规模开放在线课程(MOOCs)以及诸如在"翻转课堂"(Flipped Classroom)等教学模式中使用微视频作为教学资源供学生自主学习,触发了教师将微课程运用于课堂教学的可行性探索。

微时代下教师的任务已经不仅仅是课堂教学那么简单,他们还需要承担为学生收集、开发和创设教学信息资源,营造良好教学环境的重要责任,从而使得学生在学习过程中可以通过多元化的途径来获取教学信息资源。教师仅通过课堂教学传道、授业和解惑的传统课堂教学格局发生了改变,教师的权威性被打破。

微课程可充分发挥现代信息技术的优势,将信息技术与课程全面深度融合,在实现优质教育资源广泛共享、提高教育质量和建设学习型社区、推动课程理念变革等方面具有独特的重要作用,是促进课程改革与教学创新的重要手段之一。微课程可以更好地帮助学生适应信息化环境,提高数字时代所需的信息化思维能力,养成信息化行为方式,培养信息化素养。

微课程在国内的发展还处于起步阶段,从现有的微课程资源现状来看,一个很重要问题就是缺乏规范科学的教学设计与制作技术。本书希望能帮助教师全面提高设计与制作微课程的能力。本书共分六章,第一章主要阐述微课程的定义及发展现状;第二章主要阐述微课程教学设计模式;第三章系统介绍了制作微课程必备的软件技术;第四章对真人拍摄型微课程制作要点及详细操作步骤进行讲解;第五章对 PPT 录屏型微课程制作要点及详细操作步骤进行讲解;第六章对可汗学院(手写板)型微课程制作要点及详细操作步骤进行讲解。

　　本书是第一本系统介绍微课程设计与制作的读物,本书的写作过程参考了众多相关的研究论文与书籍,由于作者水平有限,不当之处在所难免,请读者不惜赐教。

编　者

2014 年 5 月

微课程设计与制作教程

目　录

CONTENTS

微课程设计与制作教程

第3章　微课程制作必备软件技术

第4章 真人拍摄型微课程制作

参考文献

第1章 认识微课程

1.1 微课程的定义

以可汗学院(KhanAcademy)与 TED－Ed 为代表的国外在线微视频(时长约 5～15 分钟)学习资源的出现与流行,大规模开放在线课程(MOOC)以及诸如在"翻转课堂"(Flipped Classroom)等教学模式中使用微视频作为教学资源供学生自主学习,触发了教育工作者将微视频运用于课堂教学的可行性探索。在国内,自 2011 年起,以"佛山市中小学优秀微课作品展播平台"为代表,以及 2012 年 9 月开展的由教育部教育管理信息中心主办的第一届中国微课大赛为标志,国内对微课程的探索与实践在中小学一线教师中广泛铺开;同时,在高等教育领域也出现了基于微视频的网络教学与课堂教学的探索。但目前研究者与教师对微课程的诠释与界定众说纷纭,实践形式纷繁多样。这也导致研究者与教师对微课程资源以及基于微课程的教学模式能否有效促进教与学仍存有疑问,亦有学者担忧现今国家大力推动微课程,然而现有的微课程相关研究是否足以支撑这场大潮仍是未知数。

微博的普及与流行,无意中推动了一股"微"潮流,之后的微信、微访谈、微电影、微小说、微课程、微学习,都是这股"微"潮流的产物。随着科技的不断发展,教学方式也在不断更新,作为新生事物,微课程正在成为一种新型的教学模式,给课堂教学带来更多的变化,给课堂提供了一种更高效的教学手段。实际上,它给我们带来的并不仅仅是一种新的教学模式,更向我们启示了一种新的研究理念、学习理念。

微课程(Microlecture)这个术语并不是指为微型教学而开发的微内容,而是运用建构主义方法化成的、以在线学习或移动学习为目的的实际教学内容。

在国外的研究中,与微课程有关的名词有 Minicourse、Microlecture、Microlesson 等,但其对微课程的研究取向不完全相同。如美国依阿华大学附属学校于 1960 年首先提出微型课程(Minicourse),也可称为短期课程或课程单元;新加坡教育部于 1998 年实施的 Microlessons 研究项目,涉及多门课程领域,其主要目的是培训教师可以构建微型课程,其课程一般为 30 分钟至 1 个小时,教学目标单纯集中,重视学习情境、资源、活动的创设,为学生提供有效的学习支架,同时也为教师提供一系列支架帮助其进行具体的教学设计;2004 年 7 月,英国启动教师电视频道,每个节目视频时长 15 分钟,频道开播后得到教师的普遍认可,目前已经积累了 35 万分钟的微课视频节目资源。

"微课程"这个概念,它最早是由美国新墨西哥州圣胡安学院的高级教学设计师、社区学院在线服务经理戴维·彭罗斯(David Penrose)于 2008 年秋提出的。后来,戴维·彭罗斯被人们戏称为"一分钟教授"(the One Minute Professor)。戴维·彭罗斯把微课程称为"知识脉冲"(Knowledge Burst)。其核心理念是要求教师把教学内容与教学目标紧密地联系起来,以产生一种"更加聚焦的学习体验"。可以看出:国外越来越重视"微课程"、"微视频"的研究,但其核心组成资源不统一,有的是教案式,有的是视频式;课程结构较为松散,主要用于学习及培训等方面,应用领域有待扩充;课程资源的自我生长、扩充性不够。

从 2013 年开始,随着高效课堂、翻转课堂、可汗学院等新概念的普及,微课程已经悄然进入我们的视野,越来越多的人开始加入到微课程的队伍中来了,从逐渐关注、使用再到设计、开发和研究。国内包括高校学者、区域教育研究者、一线教师等对微课程进行了研究或实施,在提法上有"微型课程"、"微课程"、"微课"等。而即使是名称相同,其界定的范围、资源组织模式也不尽相同。

广州大学教育学院的田秋华副教授基于对微型课程的内涵及实践分析,将其定义为:基于学校资源、教师能力与学生兴趣,以主题模块组织起来的相对独立与完整的小规模课程,具有"短"、"小"、"精"、"活"的特点,适用于学校教育的各个阶段及各种课程类型。田秋华老师与上海师范大学教育技术系刘素芹均提出,微课程是校本课程的重要形式,应将其纳入学校的课程体系中。

在这一领域的研究和实践最为系统的是广东省佛山市教育局教育信息网络中心的胡铁生老师,他率先提出了"微课"的概念:微课是根据新课程标准和课堂教学实践,以教学视频为主要呈现方式,反映教师在针对某个知识点或环节的教学活动中所运用和生成的各种教学资源的有机结合体。微课具有主题突出、类型多样、情景真实、交互性强、生成性强、使用方便等诸多优点。他认为,微课最初是"微型教学视频课例"的简称,它以微型教学视频为核心,是由微教案、微课件、微练习、微反思等组成的一个资源应用生态环境。它强调的是资源的有机组成和可扩充性、开放性、生成性、发展性。而微课程是"微型网络课程"的简称,除了相关的资源外,还包括相应的教学活动,是某门学科知识点的教学内容及实施的教学活动的总和。微课的高级阶段或发展趋势,应该是走向微课程。

有研究者认为,微课是国内研究者对微课程这一术语的新解读,使其更加本土化,更易为国内教育工作者所接受,同时,其资源组织方式也满足了随时、随地进行移动学习的需求。最为广大一线教师所广泛接受的认识是:微课程是一线教师自行开发、时间在五分钟左右的微小课程,源于教师的教育教学实际,为教师所需,为教师所用,解决了工作中的棘手问题;微课程不仅是一种工具,更是一种教师成长的新范式。这种理解体现了一线教师对这一概念理解的实践性一面,也是微课程得到关注和广泛应用的重要原因。

微课程的核心组成内容是课堂教学视频(课例片段),同时还包含与该教学主题相关的教学设计、素材课件、教学反思、练习测试及学生反馈、教师点评等辅助性教学资源,它们以一定的组织关系和呈现方式共同"营造"了一个半结构化、主题式的资源单元应用"小环境"。因此,微课程既有别于传统单一资源类型的教学课例、教学课件、教学设计、教学反思等教学资源,又是在其基础上继承和发展起来的一种新型教学资源。

1.2　微课程的特点

传统课程是知识的载体,重点放在向学生传递知识,通常认为一门学科即是一门课程,包括课程大纲、课程设计、课程内容、课程练习,是一种有计划、有目的的教学活动。相对于传统课程全面地完成教学内容而言,微课程教学目标相对简单,教学内容更加精简,教学目的更加明确,力图在短时间内传递教学活动中的某个知识点。

微课程把传统课堂先教后学的教学模式转变成先学后教的模式,对知识的认识放在课堂之前,把知识的内化安排到课堂之中,改变了课堂的教学结构,形成了所谓的翻转课堂教学模式,提高了学生的自主学习能力和高阶思维能力。微课程与精品课程区别在于微课程不仅仅是传统课堂实录,而且还增加了互动、练习、笔记、行为评价、学习动机诱发等新技术和教学策略,是相对独立与完整的小规模课程。

在平时的课堂教学中,教学的重点都是围绕某一个知识点展开,在长达 40 分钟的课堂中,精彩的环节都是短暂的、瞬间的。而学生的注意力也往往只能保持 10～15 分钟,若长时间注意力得不到缓解、放松,学生就很难保持学习兴趣,从而很难获得理想的教学效果。

微课程的意义就在于它不是把所有的教学内容在一节课 40 分钟内呈现出来,而是利用 5～10 分钟的时间把教学的重点、难点、考点、疑点等内容给学生以视频的形式展示出来,而且 5～10 分钟的视频也很方便学生从网络上观看或者下载。最主要的是能够重复利用,易修改,更好满足师生的个性化教学和个性化学习需求。具体说来,微课程具有以下几个特点:

(1) 教学时间较短

教学视频是微课程的核心组成内容。根据中小学生的认知特点和学习规律,微课程的时长一般为 5～8 分钟,最长不宜超过 10 分钟。因此,相对于传统的 40 或 45 分钟的一节课的教学课例来说,微课程可以称之为"课例片段"或"微课例",可以将传统的一节课设计成为包含 3～4 个微课程的新型课堂。

(2) 教学内容较少

相对于较宽泛的传统课堂,微课程的问题集中,主题突出,更适合教师的需要。微课程主要是为了突出课堂教学中某个学科知识点(如教学重点、难点、疑点内容)的教学,或是反映课堂中某个教学环节、教学主题的教学活动。相对于传统一节课要完成的复杂众多的教学内容,微课程的内容更加精简。

(3) 资源容量较小

从大小上来说,微课程视频及配套辅助资源的总容量一般在几十兆左右,视频格式必须是支持网络在线播放的流媒体格式(如 flv、mp4 等),师生可流畅地在线观摩课例,查看教案、课件等辅助资源;也可灵活方便地将其下载保存到终端设备(如笔记本电脑、手机、平板电脑等)上实现移动学习、泛在学习,非常适合于教师的观摩、评课、反思和研究。微课程中的知识点都是依据学生学习过程中的疑难问题而进行设计的,重难点突出、直观,易于学生把握。

(4) 资源构成情景化

微课程选取的教学内容一般要求主题突出、指向明确、相对完整。它以教学视频片段为主线整合教学设计(包括教案或学案)、课堂教学时使用到的多媒体素材和课件、教师课后的教学反思、学生的反馈意见及学科专家的文字点评等相关教学资源,构成了一个主题鲜明、类型多样、结构紧凑的"主题单元资源包",营造了一个真实的"微教学资源环境"。这使得微课程资源具有视频教学案例的特征。广大教师和学生在这种真实的、具体的、典型案例化的教与学情景中可易于实现"隐性知识"、"默会知识"等高阶思维能力的学习并实现教学观念、技能、风格的模仿、迁移和提升,从而迅速提升教师的课堂教学水平,促进教师的专业成长,提高学生的学业水平。

(5) 便于传播

教师可以在互联网和移动设备中存储、观看,也可以通过一些网络传输媒介进行传输,有利于教师之间进行教学方法和经验的沟通和交流。微课程不受时间和地点的限制,只要拥有计算机或手持设备就可以进行观看、学习,学生在学习过程中有自主空间。微课程可以重复观看,播放过程中可以自行调节它的播放速度。

(6) 制作简单

微课程制作简单,常用的 PPT 屏幕录制型微课程及可汗学院(手写板)型微课程,形式新颖,老师在平时的教学过程中花很短的时间就可以进行资源的积累、分享和交流。这也可以提高教师的自信心和成就感。

综合来说微课程资源与传统的教学网络资源相比,其最大特点是"短、小、精",非常符合学生的视觉驻留规律和认知学习特点。一堂微课程资源容量在 50 兆以内,适合网上运行且具有较大的开放性、生成性和可扩充性。微课程基于学科教学知识点或学生学习的重点、难点、疑点内容进行选题、设计、拍摄和制作,主题突出、指向明确,让学生能够花最少的时间学到关键内容。微课程设计与开发本身就是教研过程,对课前备课、课堂实施、课后反思、教学研究等各环节都能提供有针对性的优质资源支持,有效提升了教师专业发展水平。

1.3 微课程的类型

根据不同的标准,微课程可以分为不同的类型。

1.3.1 按课堂教学方法分类

根据教学活动中常用的教学方法的分类总结,同时也便于一线教师更好地理解微课的分类,微课程可以划分为知识讲授型、解题演算型、实验演示型。

(1) 知识讲授型

此类微课程主要用于课程要点讲授、重难点分析等,表现形式以教师授课视频为主,适用于教师运用口头语言向学生传授知识(如描绘情境、叙述事实、解释概念、论证原理和阐明规律)。教师在教学过程中根据教学任务和学习的客观规律,从学生的实际出发,采用多种方式,以启发学生的思维为核心,调动学生的学习主动性和积极性,促使他们生动活泼地学习。这是最常见、最主要的一种微课程类型。

(2) 解题演算型

此类微课程主要用于对典型例题及习题进行讲解,演算过程分析,逻辑推理等,表现形式以电子白板、手写板演示讲解为主。

(3) 实验演示型

此类微课程主要是对实验过程演示和重难点讲解,可以是教师在实验室操作实验的现场视频,也可以是利用网络虚拟实验动画加教师旁述讲解,适用于学生在教师的指导下,使

图 1-1　知识讲授型微课程

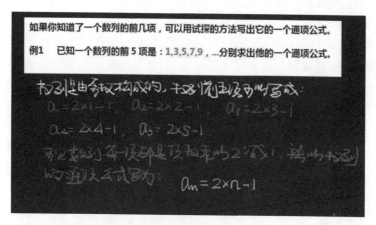

图 1-2　解题演算型微课程

用一定的设备和材料,通过控制条件的操作过程,引起实验对象的某些变化,从观察这些现象的变化中获取新知识或验证知识,在实验类课程中较为常见。教师在课堂教学时,把实物或直观教具展示给学生看,或者做示范性的实验,或通过现代教学手段,让学生从实际观察中获得感性认识,以说明和印证所传授的知识。

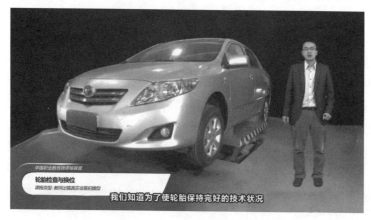

图 1-3　实验演示型微课程

值得注意的是，一节微课程一般只对应于某一种微课程类型，但也可以同时属于两种或两种以上的微课程类型的组合，其分类不是唯一的，应该保留一定的开放性。同时，由于现代教育教学理论的不断发展，教学方法和手段的不断创新，微课程类型也不是一成不变的，需要教师在教学实践中不断发展和完善。

1.3.2　按微课程制作技术分类

按制作技术分类，微课程有以下几种类型。

（1）高清摄像机实景拍摄型

这类微课程的制作最为复杂，一般要求由专业化公司进行制作。制作工具要采用高清摄像机，教师在演播室以讲授某个知识点内容为主，结合屏幕演示、板书、教学用具等活动完成课堂教学，对教学过程进行高清标准的摄像，拍摄完毕后对视频进行专业化的后期制作，添加视频特效及字幕，结合与课程相关的背景资料可以进行必要的编辑和美化。实景拍摄型微课程可借鉴微电影拍摄模式，由学校组成微课程研发团队，对课程内容进行情景剧设计策划，撰写脚本，选择导演、演员、场地进行拍摄，经过制片人后期视频剪辑制作，最终形成微课程。此类微课程中，教师会全景出现并贯穿始终，教师是整个视频的主角。

图 1-4　高清摄像机实景拍摄型微课程举例

（2）虚拟仿真二维、三维动画型

虚拟仿真二维、三维动画型微课程是利用计算机进行动画的设计、创作与制作，产生真实的立体场景与动画，可以对人的视觉产生新的冲击。动画以其形象直观、表现力丰富的特点不仅可以激活学生的学习兴趣，而且可以帮助学生更好地理解书本上的知识，深受师生的喜爱，给人一种身临其境、耳目一新的感觉。这类微课程的制作采用专门动画软件进行开发，教师本人一般不出现在画面中。这种类型微课程由设计者按照课程教学内容在计算机中首先建立一个虚拟的世界，并按照要表现的对象的形状尺寸建立模型以及场景，再根据要求设定模型的运动轨迹、虚拟摄影机的运动和其他动画参数，然后按要求为模型赋上特定的材质，并打上灯光，生成最后的微课程视频。

三维动画技术模拟真实物体的方式使其成为一个有用的工具。由于其精确性、真实性和无限的可操作性，目前被广泛应用于教育领域。在微课程制作方面，这种类型的微课程能够给人耳目一新的感觉，因此受到了众多学生的欢迎。

图 1-5　虚拟仿真动画型微课程举例

虚拟仿真二维、三维动画型微课程在教学中的优势,主要体现在以下三个方面:

第一,虚拟仿真二维、三维动画型微课程可以提供事物的具体形象从而促进思维的发展。教学的最终目的是培养学生的科学思维方法。学生的思维发展要经历从具体形象思维到抽象逻辑思维的发展过程,他们要学习的知识大多是已有的经验知识,不能亲身体会知识发现的过程,更不能获得一些事物的具体形象,而动画正好可以弥补这一不足。

第二,虚拟仿真二维、三维动画型微课程可以再现实验情景。在自然科学的教学中,教学常常始于实验现象和过程以分析事物的运动变化规律,由于实验本身或现实条件的限制,真实实验情境的再现受到很多局限。有的实验时间跨度很长或稍纵即逝,实验现象不易观察;有的实验条件过于苛刻或实验设备过于昂贵难以完成;有的实验过程的发生和进行不便控制,变化细节和内在的变化规律不一定能直观地看到。产生于科学思维的理想实验、理想模型、科学想象等在现实中不可能做到,仅通过言语表述难以沟通表达等,这些都会给教学带来一定的困难。利用教学动画的"虚拟真实性"可以弥补这些方面的不足,实现替代性体验。

第三,虚拟仿真二维、三维动画型微课程可以将抽象概念和规则具体化。基本概念和规则的学习会对后续学习产生较大影响。但是,概念和规则又常常是以定义的方式呈现,抽象程度较高,学习者在学习中往往感到困难。虚拟仿真二维、三维动画型微课程可针对学生理解上可能产生的误区进行设计,将定义描述以可视化的方式表现,直观地表现现象与抽象规律间的联系,采用各种动画表现手法逐步引导学生从现象中抽象出内在规律,帮助学生突破思维上的难点,引导学生的思维往更深层次发展。

图 1-6　虚拟仿真二维、三维动画型微课程举例

微课程设计与制作教程

（3）触摸一体机 PPT 演示加真人拍摄型

这类微课程的制作需要在配备触摸一体机的专用教室或录播室里进行，视频记录工具为高清摄像机。制作时一般由教师站在触摸一体机前进行教学内容讲解，触摸一体机同步播放课程 PPT，教师可对 PPT 的播放进行控制。触摸一体机 PPT 演示加真人拍摄型微课程与实景拍摄型微课程制作过程基本一致，也需要进行后期视频剪辑制作，最终形成微课程。这类微课程中，教师会全景出现并贯穿始终，教师是整个视频的主角。

图 1-7　触摸一体机 PPT 演示加真人拍摄型微课程

（4）电脑屏幕录制型

这类微课程的制作相对较简单，教师稍加培训就可以掌握，录制时一般由教师本人独立完成。电脑屏幕录制型微课程制作首先要选定教学主题，搜集教学材料和多媒体素材，制作PPT 课件，然后在电脑屏幕上打开录屏软件，带好耳麦，调整好话筒的位置和音量，教师对照PPT 课件进行讲解，调整好 PPT 界面和录屏界面的位置后，进行录制。教师在录制时按照教案，一边演示幻灯片放映或对其进行各种操作，一边讲解。电脑屏幕录制型微课程在录制时可以选择是否录制教师本人的头像。录制完毕后，对录制的微课程视频用后期视频编辑软件进行适当的编辑和美化。由于这类微课程视频主要呈现教师的 PPT 课件，PPT 课件的制作水平决定了微课程的质量，教师一定要在制作精美的 PPT 课件上多下功夫。

图 1-8　电脑屏幕录制型微课程

（5）可汗学院（手写板）型

这类微课程的制作相对较简单，由教师通过手写板和画图工具对教学过程进行讲解演示，并使用屏幕录像软件录制。教师稍加培训就可以掌握，录制时一般由教师本人独立完成。制作时首先针对微课主题，进行详细的教学设计，形成教案；第二步，安装手写板、麦克风等工具，使用手写板和绘图工具，对教学过程进行演示；第三步，通过屏幕录像软件录制教学过程并配音；第四步，可以进行必要的编辑和美化。这类微课程中，教师一般不出现在视频中。

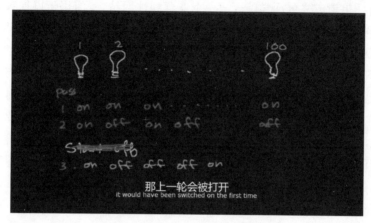

图 1-9　可汗学院（手写板）型微课程

（6）数字故事型

数字故事型微课程就由数字故事（digital storytelling）发布为视频而产生的课程。数字故事是用数字化的方式表达故事，以文字、图像、声音、动画等多媒体元素，创造可视化故事的过程。数字故事作品作为一种喜闻乐见的教学方式被众多一线教师采用。在学习、制作过程中，教师不仅能学会常用的教学软件的使用，借以提升自身信息技术素养，同时还可以将教学故事的可视化用以表达教学内容与知识点。数字故事型微课程主要用于学校的德育工作、课堂教学情境创设、校园文化建设和学生高级思维能力培养中。数字故事作为一种教学策略在教学中也得到了广泛应用。数字故事型微课程由教师自己制作，通常使用 PPT 软件进行制作，根据自己当前的教学目标，设计故事主线，并收集和加工相关的图片、视频、音乐、动画等素材，按照讲述故事的形式制成 3～5 分钟的 PPT 课件，用然后把 PPT 课件发布为视频而形成的一种微课程形式。

1.4　微课程与翻转课堂

1.4.1　翻转课堂的由来与发展

提及翻转课堂就不得不说可汗学院及其创始人萨尔曼·可汗（Salman Khan）。可汗自幼学习成绩优异，曾获麻省理工学院数学学士学位、电机工程和计算机科学两个专业的硕士学位以及哈佛商学院工商管理硕士学位。毕业后，可汗成为一家金融机构的对冲基金分析员。2004 年，可汗上七年级的表妹纳迪亚遇到数学难题，向可汗求助。可汗通过雅虎聊天软件、互动写字板与电话来解答表妹的问题。随后，可汗的一些其他亲戚朋友也陆续开始向他咨询一些学习问题。可汗一时忙不过来,就索性把数学辅导内容制成视频放到 YouTube 网站。由于受 YouTube 网站对上传视频的时间限制,同时为了让使用者更有耐心理解、消化视频学习内容,可汗把每段视频的长度控制在 10 分钟以内。令人惊奇的是,他的视频迅速得到了网络的热捧。可汗认为这种让学生在课下自定进度观看视频学习,来到课堂再与教师互动接受指导的学与教方式,使课堂更具人性化。这种将课堂内外事务"翻转"的做法是翻转课堂的雏形。

2007 年,可汗申请成立可汗学院——一个非营利性网站,专门用于以视频方式讲解不同科目的内容及解答网友的提问。网站还提供在线练习、自我评估及进度跟踪等学习工具。网站的点击量很快达到每月 200 多万次。使用者的感谢与鼓励,让可汗充满信心、欲罢不能。2009 年,可汗辞去基金公司分析员的工作,全身心地投入到可汗学院的建设与管理中。由于可汗学院的卓越贡献,2009 年荣获微软科技教育奖。美国多家媒体对该事迹进行了专题报道。2010 年,可汗学院受到了比尔·盖茨基金会和谷歌公司的捐赠与赞助。2011 年 3 月,美国"TED"(即技术、娱乐、设计)大会主持人比尔·盖茨给予了可汗高度的评价,认为"可汗模式"预见了教育的未来。可汗还在洛斯拉图斯学区进行了为期两年多的翻转课堂教学的实验。实验表明,学生在翻转课堂环境中比传统课堂环境中的学习效果更好。翻转课堂作为一种新型的教学形式迅速风靡全球。

1.4.2 翻转课堂的内涵与优势

翻转课堂首先由教师创建教学视频,学生在家或课外观看视频讲解,然后再回到课堂中进行师生、生生间面对面的分享、交流学习成果和心得,以实现教学目标为目的的一种教学形态。它主要以建构主义和掌握学习理论为指导,以现代教育技术为依托,从教学设计到教学视频的录制、网络自学、协作学习、个性化指导、教学评价等方面都是对传统教学的颠覆,翻转课堂与传统教学相比具有如下优势。

(1)翻转课堂突破了传统课堂的教学局限

传统课堂依然是传授知识概念的良好形式,然而传统课堂最大的局限在于教与学必须发生在特定的时间(课内的 40～50 分钟)及特定的地点(教室)。如果某位学生刚好在这一时段很忙,必须参加训练、比赛、演出或做义工等,那他便无法按时去聆听教师的教诲。还有一些"困难学生",指那些由于身体特殊原因不便频繁地来往于学校和学习接受能力较差的学生,翻转课堂可以让他们坐在家里自主学习,直至学会为止。所以,翻转课堂突破了时空局限,可以支持繁忙与困难学生的学习。

(2)翻转课堂重构教学结构

教学结构是在某环境中展开的教师、学生、教材和教学媒体等四要素相互作用、相互联系的教学活动进程的稳定结构形式。目前,常见的教学结构形式主要有以教师为中心的教学结构、以学生为中心的教学结构。而翻转课堂的内涵,它并不属于上述任何一种教学结构。翻转课堂由"先教而后学"转向"先学而后教",由"注重学习结果"转向"注重学习过程",由"以教导学"转变为"以学定教",等等。教学结构在翻转课堂的不同环节具有不同的特点。翻转课堂是对教学结构形式的又一重构。

(3)翻转课堂体现新的教学理念

首先,翻转课堂实现了学生的个性化学习。每位学生的学习能力和兴趣各有不同,传统教学虽然意识到了这一点,但在具体实践中却很难做到因材施教。翻转课堂则在课前通过视频控制来进行分层教学,然后在课堂中进行有针对性的指导。其次,翻转课堂改变课堂职能。传统课堂,教师必须全力组织利用好课内的45～50分钟时间,来对学生讲解教学所规定的内容。学生稍有分心,就会跟不上进度,教学的效果也就会受到影响。课堂翻转后,课下学习,课堂上交流,课堂教学的目的及控制策略发生了改变。再次,翻转课堂更加注重了交互。翻转课堂课前交互包括教师与视频教材的交互、教师与学生的交互、学生与视频的交互;课堂中的交互包括教师与学生的交互、学生与学生的交互等。与传统呈现教学内容、提问、讨论等交互形式相比,翻转课堂提升了课堂互动的数量与质量。越来越多的学校和教师加入到了翻转课堂的实践中来。

1.4.3 翻转课堂的特点

（1）教学视频短小精悍

不论是萨尔曼·可汗的数学辅导视频,还是乔纳森·伯尔曼和亚伦·萨姆斯所做的化学学科教学视频,一个共同的特点就是短小精悍。大多数的视频都只有几分钟的时间,比较长的视频也只有十几分钟。每一个视频都针对一个特定的问题,有较强的针对性,查找起来也比较方便。视频的长度控制在学生注意力能比较集中的时间范围内,符合学生身心发展特征。通过网络发布的视频,具有暂停、回放等多种功能,可以自我控制,有利于学生的自主学习。

（2）教学信息清晰明确

萨尔曼·可汗的教学视频有一个显著的特点,就是在视频中唯一能够看到的就是他的笔,不断地书写一些数学的符号,并缓慢地填满整个屏幕。除此之外,就是配合书写进行讲解的画外音。用萨尔曼·可汗自己的话来说:"这种方式,它似乎并不像我站在讲台上为你讲课,它让人感到贴心,就像我们同坐在一张桌子面前,一起学习,并把内容写在一张纸上。"这是翻转课堂的教学视频与传统的教学录像的不同之处。视频中出现的教师头像以及教室里的各种物品摆设,都会分散学生的注意力,特别是在学生自主学习的情况下。

（3）重新建构学习流程

通常情况下,学生的学习过程由两个阶段组成:第一阶段是信息传递,是通过教师和学生、学生和学生之间的互动来实现的;第二个阶段是吸收内化,是在课后由学生自己来完成的。由于缺少教师的支持和同伴的帮助,吸收内化阶段常常会让学生感到挫败,丧失学习的动机和成就感。翻转课堂对学生的学习过程进行了重构。信息传递是学生在课前进行的,老师不仅提供了视频,还可以提供在线的辅导;吸收内化是在课堂上通过互动来完成的,教师能够提前了解学生的学习困难,在课堂上给予有效的辅导,同学之间的相互交流更有助于促进学生知识的吸收内化过程。

（4）复习检测方便快捷

学生观看了教学视频之后,是否理解了学习的内容,视频后面紧跟着的4～5个小问题,可以帮助学生及时进行检测,并对自己的学习情况作出判断。如果发现几个问题回答得不好,学生可以回过头来再看一遍,仔细思考哪些方面出了问题。学生对问题的回答情况,能够及时地通过平台进行汇总处理,帮助教师了解学生的学习状况。教学视频另外一个优点,就是便于学生一段时间学习之后的复习和巩固。评价技术的跟进,使得学生学习的相关环节能够得到实证性的资料,有利于教师真正了解学生。

1.4.4 翻转课堂的微课程教学设计

翻转课堂的课前学习主要通过网络微课程教学的方式开展,微课程是翻转课堂不可或缺的教学资源。与传统教育资源不同,翻转课堂的教学资源具备方便快捷的共享性。在我国,翻转课堂还处于试水阶段,相应的优质教学资源比较短缺,实施翻转课堂的教师基本上需要自己制作微课程进行教学。微课程的质量差异对教学效果有着直接的影响,而翻转课堂实施效果的好坏对翻转课堂能否普及影响重大。在传统教学中,教师的备课主要体现在教案上,教案设计是否成功对教学效果的好坏有着直接的影响。而在翻转课堂的教学过程中,教师制作的微课程是实施整个教学的基础和前提,教师必须把握住微课程设计过程中的几个重要环节。

（1）重视微课程的整体设计策略

在微课程设计的策略上,强调运用系统观和整合的思想,认真研究课程标准和教材,对所要讲授的知识进行全面的分析,并选择合适的微视频制作工具与网络发布平台及技术。

（2）重视微课程单元教学设计

要认识到微课程与传统课堂讲授的不同。在录制教学视频时,一方面,传统的优质课、精品课长度一般在 $40\sim45$ 分钟,而翻转课堂中的视频是 $5\sim10$ 分钟,这就要求教师必须在这段时间内将最核心的内容讲完;另一方面,教学视频中不存在师生互动,只有教师的单向传授,这需要教师考虑视觉效果,避免死板、单调的讲述,突出和强调主题、重点与要点,录制情感丰富、生动活泼的教学视频。

（3）重视微课程单元的检测设计

通过对微课程的学习,学生是否掌握了学习内容,是否可以进入下一阶段的学习,需要对学生进行相应的检测。教师在进行微课程设计时,应针对教学内容合理设计检测习题,在每一阶段微课程后对学生进行检测,并将检测结果通过网络平台进行汇总,以便教师及时掌握学生的学习状况。

翻转课堂是一种创新型的教学模式,它的出现颠覆了传统教学的固有模式,它是现代信息技术发展条件下教学改革的重大突破。

1.5 微课程与 MOOC

1.5.1 MOOC 的定义

MOOC 是近年来在全球范围涌现出来的一种在线课程模式。"M"代表 Massive(大规模),与传统课程只有几十个或几百个学生不同,一门 MOOC 课程动辄上万人,甚至十几万人;第二个字母"O"代表 Open(开放),以兴趣为导向,凡是想学习的,都可以进来学,不分国籍,只需一个邮箱,就可注册参与;第三个字母"O"代表 Online(在线),学习在网上完成,不受时空限制;第四个字母"C"代表 Course,就是课程的意思。用汉语翻译过来就是"大规模开放

微课程设计与制作教程

在线课程"，中文有音译为"慕课"。这是一个诞生不久的新词汇，也是一个使用和搜索频率极高的词汇。MOOC 于 2012 年由美国著名大学发起，短短一年多时间席卷全球数十个国家，600 多万名参与学习者遍布全世界 220 多个国家，其影响范围之广、扩张速度之快、冲击力之强，犹如地震海啸，一些人将互联网技术引发的这场教育变革称为"MOOC 风暴"。

MOOC 让所有注册的学习者可以免费使用课程教材，通过网络让全世界有心学习的学生自由地选修课程。这些课程经过精心的策划和设计，提供学生身处教室的临场感，同时选课学生与授课教师又可以借助网络平台进行互动交流及效果评价。

MOOC 掀起的风暴被誉为"印刷术发明以来教育最大的革新"，呈现"未来教育"的曙光。2012 年，被《纽约时报》称为"慕课元年"。众多慕课平台的供应商纷起竞争，Coursera、edX 和 Udacity 是其中最有影响力的"三巨头"，均已进入中国教育市场。

一个 MOOC 课程会在预定的时间开始，学生们需要提前注册，了解课表和教学大纲。课程开始后，教授定期地发布授课视频，视频相对短小，视频中会有即时的测验，课后则有要求完成的阅读和作业，作业通常有截止日期，课程通常有期中考试和期末考试。另外，MOOC 还提供了互动的机制，包括师生之间的互动（例如教师可以答疑及提供作业及测验等）。有了这些互动后，教师就可以评价学生的学习成效并给予适当的修课证明。除了教师与学生之间的互动外，MOOC 还可以提供学生彼此之间的互动管道，产生学习社群。最后，学生们被要求遵守 Honor Code（北美校园通行的诚信守则）诚信而独立地完成考试。结课后，完成度良好的学生虽然不能得到该学校的任何文凭，但是可以得到某种有授课教师签字的证书。

1.5.2 MOOC 的特点

（1）课程资源丰富

在 MOOC 平台上，可以接触到来自全球各个顶尖高校的课程和全球知名的大学教授，课程涉及高等教育的方方面面，包括理工、经管、人文社科、医学等各个方向。学生可以在上面自由选择想要修读的课程，享受国际一流大学的优质教学资源。MOOC 平台上不但开一些基本的通识与基础课程，而且有最新趋势和应用的教学。

（2）教学体系完善

MOOC 课程都非常接近于传统的课堂，有开课和结课时间，每门课程 5～8 周，也有相应的课程作业和期末考试。平时学生一周要花上 3～10 个小时不等的时间在一门课上。要想拿到高分，不仅需要你观看每一周的课程内容，还要上交作业，参加测验。

（3）学习体验愉悦

在 MOOC 里，为了保证学生线上学习的专注，每个视频都被切割为 6～15 分钟，甚至更短。同时，在老师讲课期间，通常会穿插一些提问，帮助学生将注意力集中在课堂上，学生只有在视频上作答了之后，才能继续观看。此外，一般 MOOC 的学习都有时间限制，课程截止日的存在，让 MOOC 的学习更加有节奏性和阶段性。

（4）学分及证书

迄今为止，绝大部分的大学还不能为全日制大学生提供 MOOC 课程的学分，但是通过课程的学生会获得开课教授签署的"课程结业证明"和成绩单。最新的情况是，美国有些大学开始尝试区别性地为修完 MOOC 课程的学生提供学分。比如华盛顿大学针对学生学习

微课程设计与制作教程

Coursera 上的一些课程提供学分,只要他们交了学费,并通过了附加的考核。斯坦福大学对于继续教育的在职人员提供学分和课程结业证明,但前提是必须支付 30～100 美元的费用。随着 MOOC 的发展,大学一旦能够为每一位学习者提供学分和学位,MOOC 将对传统大学构成革命性影响。

1.5.3 优秀 MOOC 平台介绍

(1) edX(https://www.edX.org)

edX 是一个非营利的 MOOC 开源平台,由麻省理工学院和哈佛大学投资六千万美元建设,并由这两个机构支持该项目的运作。edX 由 MIT COW 发展而来。当前,该平台提供有哈佛大学、麻省理工学院、加州大学伯克利分校的开放课程,涉及化学、计算机科学、电子学和公共健康等多个学科。这些课程的共同特点是针对这些学校学生开设的校内课程,但同时通过网络免费向全球开放。edX 网站的另外一个属性则更像是大学的一个实验基地,通过研究线上、线下混合教学的模式,提高线下传统校园的教学和学习效果。2013 年秋季学期,edX 开始提供韦尔斯利学院、乔治城大学以及德克萨斯州 9 所大学和 6 所医疗机构的网络课程。2014 年,edX 将继续扩大联盟,另有其他国家的 7 所高等教育机构将被吸纳其中。来自全球的学习者只要掌握了这些课程的内容,便可以获得由 edX 和提供该课程的大学颁发的证书,比如 MITx、HarvardX、BerkeleyX、UTAustinX 等。尽管在 2012 年,该证书是免费的,但在以后将有可能收取适当的费用。

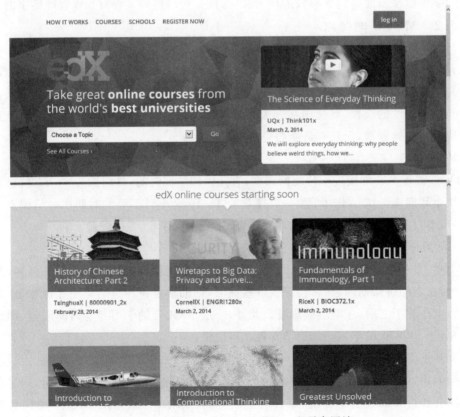

图 1-10　edX(https://www.edX.org/)平台网站

微课程设计与制作教程

(2) Coursera(https://www.coursera.org)

Coursera 是一个以营利为目的的公司,该公司由一些商业投资者投入 2200 万美元建立。创建者是斯坦福大学计算机科学系的两位教授 Andrew Ng 和 Daphne Koller。Coursera 的主要教学理念是:在线学习是有效的,知识的提取和测验是重要的,掌握学习理论,同伴评价以及教室中的积极学习等。目前,Coursera 共有 600 多门课程,涉及计算机科学、数学、生物学、人文科学、社会科学、医学、工程学以及教育学等学科,注册用户 600 多万,并且这些数据还在快速更新。Couresa 的合作高校同时也利用该平台为校内许多学生实施混合教学。还有一些合作高校(如华盛顿大学)为那些愿意为获取额外作业、教师指导和考评而支付费用的学习者提供 Couresa 班级的学分。另有一些大学(如 Antioch 大学洛杉矶校区)承认该校学生学习 Courera 课程的学分,前提是所学课程须经校方核准。

图 1-11　Coursera(https://www.coursera.org)平台网站

（3）Udacity(https://www.udacity.com)

Udacity 是由 Se-bastian Thrun、David Stavens 和 Mike Sokolsky 创建的营利组织,该组织也吸引了商业公司约 2100 万美元的投资。目前,Udacity 共有涉及四个学科的 20 多门网络课程。这些课程将包含衡量课程掌握程度的积分系统,当学生在一门课程中的积分达到 1 级时就可以获得证书。另外,一些课程还提供大学学分,不过这需要学生支付一些费用。例如,学生(不限在册学生)在学完圣琼斯州立大学在 Udacity 中开设的课程并考核合格后,可以获得这些课程的学分,而这些学分在美国的许多大学是被承认和可转换的。

图 1-12　Udacity(https://www.udacity.com)平台网站

（4）Udemy(https://www.udemy.com)

Udemy 创建于 2010 年，是由商业公司投资 1600 万美元开发的一个平台。与 edX、Coursera、Udacity 不同，任何个人或组织都可以在 Udemy 平台上开设课程。Udemy 目前提供 5000 多门课程，涉及各个学科，注册学生数超过 50 万。Udemy 一直不断地吸纳各行各业（不局限于高校）的专家在该平台上教学。2013 年，Udemy 启动了 Teach2013 计划，以鼓励工业界的专家和领袖创建自己的课程并开展教学。为了保证课程的质量，Udemy 在公布课程之前，按照"严格质量控制办法"对教师设计开发的课程进行评价打分。课程可以免费也

图 1-13　　Udemy(https://www.udemy.com)平台网站

可以收费,如果收费,那么教师可获得 70% 的报酬。Udemy 中收费的约 1500 门课,平均每个学生学习一门课程需要缴纳 20 到 200 美元的费用,课程费用由教师自己决定,课程证书通常以主讲教师个人的名义颁发给考核过关的学生。

（5）khanacademy（可汗学院,https://www.khanacademy.org）

可汗学院已经发展成为一个知名的免费在线学习平台,它是由比尔和梅琳达·盖茨基金(Bill&Melinda Gates Foundation)和谷歌等公司提供经费支持的非营利性教育组织。可汗学院由萨曼·可汗 2008 年创建,目前提供了超过 4000 段视频讲座,每段视频约 10 分钟,内容涉及从幼儿园到大学各个层次,学科涵盖数学、物理、生物、化学、计算机科学等众多学科。同时,网站还提供有练习和持续的评价、教师在教室或学校中使用的工具包、指导者（如父母、教师、教练等）使用的工具面板以及游戏奖励机制（奖章和积分）。

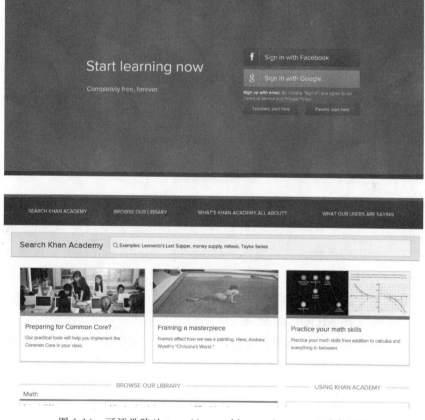

图 1-14　可汗学院(https://www.khanacademy.org)平台网站

（6）FutuRelearn（https://www.futurelearn.com）

FutuRelearn 是一个由英国 12 所大学联合发起的一个 MOOC,发起人包括利兹大学、伦敦国王大学、伯明翰大学和英国远程教育组织等,欲打造成为世界范围内的英国高等教育品牌。FutuRelearn 获得了英国文化委员会(British Council)的课程支持,加上新加入的 5 所大学,Futurelearn 至今已经获得了 19 个教育组织的内容支撑。

图 1-15　FutuRelearn（https：//www.futurelearn.com）平台网站

除此之外，还有一些大型科技公司和门户网站也纷纷加入 MOOC 市场，谷歌与 edX 就将在 2014 年联手推出在线教育课程制作平台 MOOC.org，目标是成为在线教育的门户网站，集合学术机构、政府、商业机构以及个人的力量，帮助他们制作和维系在线课程。而 Google 则将在开发上给予 edX 平台帮助，提供 Course Biulder 等工具来制作课程。

1.5.4　微课程与 MOOC 的关系

如果从 MOOC 中抽离系统的课程设置、教学计划和考试以及学分认证等评价环节，我们可以清楚地看到，MOOC 的核心之一是"基于视频，在 5～15 分钟内完成对某个知识点的教学"，而这一表述恰恰与另一个概念的定义不谋而合，那就是——微课程。以"课"的角度审视，MOOC 其实是一系列同一课程体系下微课程的组合。MOOC 也可以说是在可汗学院翻转课堂成功实验的基础上获得灵感，又如海啸与风暴般席卷世界，在高等教育领域放大了可汗学院翻转课堂效应。通过分析国外优秀的 MOOC 平台可以看出，MOOC 的核心载体就是精心设计的微课程视频，这些微课程视频通常不是校内课堂的录像，而是专门为了该 MOOC 课程录制而重新进行教学设计的微课程。为了方便学习，所有微课程视频常常比较短小，与微课程的特点完全一致。

例如由弗吉尼亚大学计算机科学教授 David Evans 作为主讲者，在 Udacity 平台上的

"Introduction to Computer Science"课程，8 个单元中包含了 62 个微课程视频，其中时长最长的是 2 分 24 秒，最短的是 38 秒，大部分视频时长集中在 1～2 分钟之间。课程中所有微课程视频都没有超过 3 分钟的原因有二：一是视频时间短满足了用户移动性的需求，有助于保持学习者的内部学习动机；二是课程主讲者将课程内容尽量细化，在案例中，一个微课程视频只解决一个问题，并且在大部分视频中，课程主讲者以一个问题开场，提高学习者的学习兴趣。

在最初中小学的微课程实验中，微课程只是一种微视频课件，但在 MOOC 的影响下，微课程的概念开始向主流延伸。微课程不再仅止于对单个知识点的讲授，问答、演示、练习、反馈等互动环节的加入，使其覆盖学习的全过程，并且呈现出向 MOOC 趋同的特征。

1.6　典型微课程网站介绍

近年来，微课程资源网站不断涌现，并取得新进展。如国外的可汗学院、TED-Ed、Teachers Tv、InTime、Watch Know Learn，国内的中国微课网、微课网、大中小学优秀微课作品展播平台等。国外最具影响力的微课资源网站是可汗学院及 TED-Ed。

1.6.1　可汗学院微课程介绍

可汗学院的微课程包括数学、科学与经济学、计算机科学、人文学、测试准备（（Test Prep）以及与著名高校（如：Stanford School of Medicine、麻省理工学院）合作的医学、实验等。其内容主要以写字板和教师旁自讲授相结合的形式呈现，并配有多国语言的讲授字幕。其中理科课程较为完整和系统，教师通常采用例题讲解的方式进行知识点的讲授，没有过多的导入，直接进入主题。除基本课程外，每个专题还设有相应的拓展性内容（Additional Content），供学生提升能力。

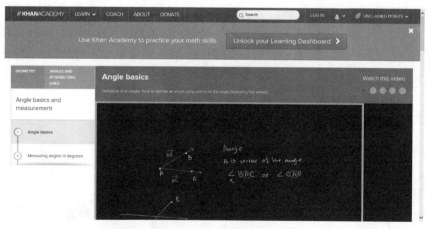

图 1-16　可汗学院型微课程-几何基础

国外在微课配套资源的设计和建设上不仅较为完整，且别具特色。如，可汗学院的一大特点便是为学生提供了知识地图（Knowledge Map）以及自定学习计划阵。知识地图将零散的知识点以网络图的形式串起，为学生指明学习路径，并由浅层次向深层次递进，同时明确指出知识点所需掌握的技能，让学生明确自己的学习任务。每次登录学习后，学生都能在导航中看到自己的学习历程，以回顾自己所学的知识。

学生还可以根据自身需求制定学习计划，并添加用户作为自己的教师。可汗学院不仅会记录每个学生的学习历程，还对学习及测试情况进行数据统计，让学生知道自己存在的不足，及时调整学习计划。这也让教师清晰地看到学生存在的困难，便于帮助学生解决学习问题，并适当调整自己的教学内容。在学习、测试结束时，网站还为学生制定了一套"成就"制度，它根据学生的学习情况，为其颁发"勋章"，以鼓励并激发学生学习动力。

可汗学院采用专题测试的形式评价学生的知识掌握情况，每学习完一节微课，可汗学院会提供学习者相应的练习题，以测试学生对该知识点的掌握情况。学生在练习的过程中如果遇到困难，不仅可以通过"提示"选项得到详细的解题帮助，还可以在视频区中重新观看微课视频。系统会根据学生的做题情况予以评分，当学生回答正确时，方可进入下一题。每个微课的问题和提示反馈区（Tips & Feedback）可供学习者提问、讨论以及对课程予以评价，不仅为学生提供了相互学习的平台，也让教师得到学生的反馈信息，帮助学生解答问题。在"测试准备"模块中，可汗学院为参加等级考试（如 SAT Math）的学生提供在线测试和帮助。

1.6.2 TED-Ed 微课程介绍

TED-Ed 的微课包含 32 个主题，不仅有中小学课程内容，还涉及大学课程，分别有：艺术、数学、商业与经济学、科技文娱与设计（TED）、文学与语言、哲学与宗教、心理学、科学与科技、社会研究、教学与教育、健康等多个学科。微课内容多以卡通动画及真人演讲的形式呈现，视频常配有同步讲授旁白、字幕及知识介绍，具有界面生动多彩、内容简短精炼、知识点明确的特点，符合中小学生的心理特征及学习水平。学有余力的学生可在 Dig Deeper 上了解到更多相关知识。

TED-Ed 的突出功能之一是让登录用户以翻转的形式制定个性化课程。教师不仅能以观看及翻转该微课的人数判定其热门度，还能根据自身的需要对微课的主题、知识介绍、练习题、拓展内容等进行修改。而这正与当前视频教学所流行的翻转课堂相关。该功能利于教师为学生制定个性化的课程，并根据教学目的制作相应的练习，以了解学生对知识的掌握情况。

与可汗学院相似，TED-Ed 也为学习者提供了在线测试练习，以选择题和开放问答题为主，但缺乏与解题相关的提示帮助，仅提供视频回放，测试的完整性不及可汗学院。

图 1-17　TED-Ed 微课程

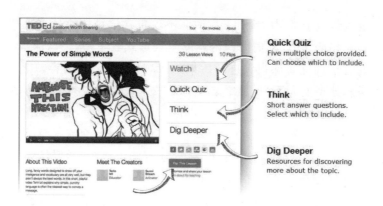

图 1-18　TED‑Ed 微课程视频

1.6.3　中国微课网微课程介绍

国内最具影响力的中小学微课资源网站是"中国微课网",它是国家教育部教育管理信息中心为举办首届"中国微课大赛"而创建的资源平台,现有上万件微课作品,涉及中小学各学科内容。中国微课网目前涵盖了来自全国 31 个省市的中小学教师上传的参赛微课视频,涉及语文、数学、英语、物理、地理、化学、生物、政治、历史、信息技术、科学、历史与社会等学科,授课时长均在 10 分钟以内。微课内容主要来源于中小学常规课的教学内容,部分微课是课堂实录小片段,也有一部分是教师结合课件的讲解,视频常配有相关课程说明,方便学生寻找对应的知识点。

图 1-19　中国微课网

主要面向中小学教师的"中国微课网",在每节微课中均设有授课教师的"微教案"、"微课件"、"微反思"及"其他附件"。这些资源与视频结合后,可以用于教师的专业发展及同学科教师之间的交流。该网站不仅设置了评论专区与问答专区,便于用户与授课教师之间的互动,还设置了"微课论坛",其中包括"管理区"、"微课交流区"及"综合交流区",教师在此除了可以表达自己的见解外,还能学习微课的制作。

从以上国内外优秀微课程平台的分析上可以看出,国外微课涉及的学科更加丰富,其内容的呈现形式更加多样,除了真人讲解演示外,还以电子黑板、卡通动画等形式呈现,能够吸

微课程设计与制作教程

引学生的兴趣。这也得益于微课的设计开发团队不仅包含学科教师，还有不少动画、视频制作等专业技术人员。相比之下，国内微课内容的呈现形式较单一，仍以课堂实录片段为主，教师们更倾向于对自己的优质课视频进行后期加工，这也使授课内容缺乏一定的连贯性。由于教师自身的编辑处理能力不强，加之缺少专业技术人员对视频进行录制、加工处理等，课堂实录的效果不佳，从而影响微课视频的实用性。

国内外微课资源网站均为师生提供了互动平台，便于答疑、交流。而国外微课配套资源的建设相对完善，不仅含有多种题型的相关练习，还有知识地图、学习任务、成绩统计、奖励制度、编辑个性化课程、自定学习计划等，这有利于学生的自主学习和在线学习，并给予师生及时的教学反馈。国内的微课配套资源主要是提供教师之间交流学习的教案、反思和评价，这是国外配套资源所缺乏的，但国内针对学生学习的配套资源不足，仅提供相关的习题测试、学习攻略等，因而不能充分地发挥微课程在教学上的作用。

尽管微课程的核心是微视频，但完整的微课程还需要与相应的学习单、学习活动流程等相结合。与微课视频配套的相关资源包括知识向导、在线练习、课件讲义、评价反馈等，它们是微课的重要组成部分，同时也为师生评价教学和学习效果提供依据。

第2章 微课程教学设计模式

微课程在国内的发展还处于起步阶段,从现有的微课程资源来看,一个很重要问题就是缺乏规范科学的教学设计,微课程作为"产品级"的教学设计应用层次,要实现较好的教学效果和可持续发展,研究和探讨微课程的教学设计显得非常必要。ADDIE 模型是教学设计者和培训开发人员的一个通用过程框架,微课程的开发可以 ADDIE 模型为指导,为微课程的教学性、有效性和系统性提供保证,这一点国内众多微课程研究者已达成共识。

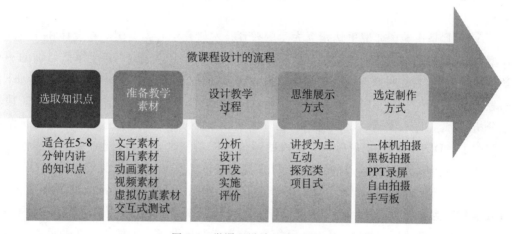

图 2-1 微课程设计的流程图

2.1 微课程教学设计的重要性

(1)微课程是"产品级"教学设计应用

教学设计的应用指向三个层次:产品级、课堂级和系统级。教学系统设计的最初发展是从以"产品"为中心的层次开始的,它把教学中需要使用的媒体、材料、教学包等当作产品来进行设计。从学习资源的角度看,微课程是继文本、图片、动画、多媒体课件、网络课程之后形成和发展起来的一种新型学习资源形式;从教学功能的角度来讲,微课程能实现一定的教育教学功能,它也属于一种教学系统。为了优化教学效果,对微课程进行科学规范的教学设计显得非常必要。

(2)微课程的开发是一个系统工程

微课程内容的开发是一个较为复杂的系统工程,微课程资源开发一般要经过选题设计、教学策略设计、课程拍摄、后期加工、在线发布实施、评价反馈等环节,才能确保其质量。而系统方法是按照事物本身的系统性把对象放在系统的形式中加以考察的方法,系统方法解决问题的基本原则是整体性原则、关联性原则、优化性原则、动态性原则。因此,必须用系统的思想和方法来开发微课程,这样可以有效提高微课程开发的质量和效率。

（3）微课程的自身特性需要教学设计

微课程的核心特征体现在"微"字上,一是内容"微",即选取一个知识点作为主要课程信息;二是时间"微",即微课程的时间短,虽然国内外研究者对微课程的时间长短并没有明确规定,一个比较认可的范围就是10分钟以内。但微课程还有一个重要特征是"精",如何在较短的时间内容把一个问题讲精说透,让学生听懂学会,这是微课程的基本任务。微课程的内容选择、有效时间控制、围绕教学目标采用的教学策略等的确定都需要有效的教学设计理论作为指导,只有这样才能确保微课程有效完成它的教学使命。

2.2 ADDIE 教学设计特征描述与解析

ADDIE 是由美国弗罗里达州立大学的教育技术研究中心为美国陆军设计和开发的培训模型,该模型迅速被美国所有武装部队采用。该模型来源于美国1970年军队培训的一个教学系统设模型,名称叫做五步法教学系统设计模型,同时也借鉴了1968年 Bela Banathy 提出的教学系统设计模型。1981年 Russell Watson 对该模型做了细节上的修正,五个阶段依然是分析、设计、开发、实施、评价和控制,在具体的步骤上做了细微修改。1984年,美国陆军更新修改了 ADDIE 模型,把最后一个阶段的评价和控制修改为评价,同时模型由线性静态的模型变更为环形动态模型。1995年 ADDIE 首次被正式提出,名称来源于五阶段的首字母缩写。1997年 Merrienboer 提出,ADDIE 模型在具体使用情境中是灵活的、因地制宜的,可以有效地和其他学习理论以及教学系统设计模型结合起来使用,效果更好。ADDIE 模型不仅仅是一个教学设计过程模式,更为重要的是,它为我们提供了一个解决问题的思路。ADDIE 模型已经成为教育技术解决问题的一种方法论,在国内外的组织培训领域产生了广泛的影响。

2.2.1 ADDIE 模型的特征描述

其基本特征是:

第一,模型包括分析、设计、开发、实施、评价五个阶段,其中评价阶段渗透于其他四个阶段当中。

第二,该模型在实际应用过程中即要求系统性和整体性,但结合不同的应用环境又具有动态性。

第三,分析、设计、开发、实施、评价每个阶段当中又分很多步骤,而每个步骤又有具体的子步骤。

第四,为了取得更好的教学效果,每个阶段的具体步骤结合应用实际,结合其他学习理论和教学理论,可以变更修改。

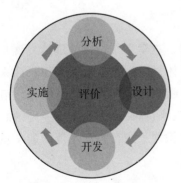

图 2-2 ADDIE 模型

ADDIE 模型如图 2-2 所示。

2.2.2 ADDIE 模型解析

分析阶段包括确定教学问题,学习需求分析,学习者特征分析(包括起点水平分析、一般特征分析和学习风格分析），学习内容分析，还包括学习环境分析，以及资源和约束条件分析。

设计阶段包括确定和撰写教学目标，开发练习题以及测试题以及教学策略和教学序列，选择教学媒体。

在开发阶段，教学设计者和开发人员要将设计阶段的计划和蓝图创建和实施。在这个阶段，设计者要创建故事板和图表，以及教学材料。如果教学过程中有在线学习，开发人员还要采用相应的技术开发学习平台，通过评估和反馈不断地调整、修改相关内容。

在实施阶段，要为培训教师和学习者开发具体的教学和学习步骤。对于培训教师，包括课程、学习结果、传递策略、测试程序；对于学习者包括培训他们使用新的工具，包括硬件和软件，以及告诉他们如何注册。在这个阶段，教学设计项目管理人员要确保相关的书籍、手持设备、工具、光盘以及软件都已到位，教学管理平台和网络学习平台正常运行。

评价阶段包括：形成性评价和总结性评价。形成性评价在该模型的各个阶段都会出现，也就是说形成性评价贯穿于分析、设计、开发、实施的整个过程。

2.3 基于 ADDIE 模型的微课程教学设计

微课程的教学设计过程模型总体上也是分为五个阶段，分别是分析、设计、开发、实施、评价，该模型是一个动态的循环结构，确保在实际微课程开发过程当中的灵活性和因地制宜。在实际应用过程中，设计开发者可以从分析阶段着手，也可以从设计阶段开始，如果课程内容很熟练，相关辅助资源和工具已经到位，甚至可以直接从微课程的制作实施阶段开始。下面对基于 ADDIE 模型的微课程教学设计进行详细的阐述。

2.3.1 分析阶段

分析阶段包括四个方面的分析，分别是学习需求分析、学习者特征分析、学习内容分析以及资源和约束条件分析。该阶段和课堂教学设计以及系统层次的教学设计过程几乎是一样的，但在实际的操作过程中各个步骤还是存在着显著差异。

（1）学习需求分析

微课程制作的起点也必须从学习需求分析开始，学习需求是期望和现状之间的差距，当学生的学习现状不能满足和达到学校、教师和学生自身期望的时候，就会产生学习需求。在实际教学过程当中，学习需求一般来源于学生的反应。教师对学生反应信息的收集一般可从以下三个方面进行：一是学生的课堂反应，教师通过观察学生的表情来确定学生对知识的接受和理解程度。二是课堂的提问或练习，如果大多数学生不能正确回答教师提问和随堂练习，学习需求也就产生了。三是课后作业或考试，教师通过对课后作业批改以及试卷分析，可以确定学生哪些知识点没有掌握。

学习需求还可以直接来源于教师的经验，教师对某门课程的把握一般是很透彻的，哪些知识点学生很容易掌握，哪些知识点对学生来说是难点，哪些知识点是课程学习的重点，这些教师一般都是比较清楚的，教师可以根据已有的经验来确定学生的学习需求。当然，在实际的教学过程当中，教师也可以通过简单的学生访谈或者问卷调查来确定学生的学习需求。

（2）学习者特征分析

微课程既然是一种学习资源，它的学习对象就是学习者，因此微课程开发之前的学习者特征分析显得非常必要。不管微课程的内容是针对哪种教育层次的，小学的，中学的，抑或是大学的，成人的，这种学习资源总是有一个适合它的学习者群体，因此微课程的教学设计者就需要考虑这样两点：微课程的观众是谁？怎么样保证观众轻松、愉悦地听完和听懂该课程？如果以上两点都考虑到了，微课程的教学效果就会得到最基本的保证。

微课程的学习者特征分析包括：学习者一般特征和起点水平分析，学习者的学习风格分析在这里可以忽略，原因是学习者学习微课程的时间、地点、环境都是学习者自主选择的。学习者一般特征分析在这里主要包括：年龄、认知发展水平、生活经验、经济文化和社会背景。不同年龄的学习者，他们的认知发展水平是不一样的，因此对教学过程、教学语言、教学策略的要求也是不一样的。比如说针对小学生开发的微课程就要尽量简单、生动。如果是录屏式微课程，多媒体课件要形象、生动；如果是录像式微课程，教师的动作、教态要和蔼可亲，语言也要尽量符合儿童学习的需求。

学习者的生活经验也是微课程制作需要考虑的特征，建构主义学习理论告诉我们：学习者对知识的理解建立在自己的原有经验基础之上，这里原有经验不仅包括已有的知识经验，也包括已有的生活经验。经济文化和社会背景也是学习者一般特征之一，比如不同民族和国家的学习者，对微课程的教学策略也有较大的影响。学习者起点水平是微课程开发过程中必须考虑的学习者重要特征，特别是对中小学学生来说这一点显得更加重要。学习者已经知道了什么，具备了什么样的知识经验，是学习者理解和掌握微课程的重要基础。

（3）学习内容分析

根据学习需求分析的结果，即微课程要讲授的知识点来确定围绕知识点要讲授的学习内容。微课程的学习内容分析主要解决两个问题：

一是确定微课程内容的学习结果类型。罗伯特·加涅将学习结果分为五大类，即言语信息、智力技能、认知策略、态度、动作技能。其中言语信息、认知策略、态度三种学习结果类型不适合用微课程去表达，而智力技能和动作技能这两种学习结果需要较高的认知能力和较复杂的操作步骤，较适合采用微课程的形式去表达和传播。

二是确定学习内容的深度和广度以及各部分内容之间的关系。这一点对微课程的设计和开发尤为重要，在短短的几分钟时间里要讲清楚某个知识点，并达成相应教学目标，平衡学习内容的广度和深度就显得非常重要。

（4）资源和约束条件分析

在资源和约束条件分析步骤中，微课程教学设计者主要分析以下四方面的内容：时间，人员，工具，辅助资源等。根据学习者和相关部门需求，微课程的制作需要什么时间完成，以便于确定设计、开发、实施与评价所需要的时间。有哪些人员参加微课程的制作和评价工作？如果只是录屏类的微课程在此环节会比较简单，但如果是摄像机录像类的，就需要相关人员配合来完成，包括摄像人员、后期制作人员等。工具和辅助资源在微课程的教学设计过程中是相当重要的，根据前期分析的结果，可以确定微课程的表现形式，不同的表现形式所需要的工具和辅助资源也不一样。比如录屏类的最简单的形式是通过软件录屏,需要录屏软件和录音设备,辅助资源包括已经做好的 PPT 课件。如果是可汗学院式的录屏,需要摄像头、录音设备、手写板等。

2.3.2　设计阶段

设计阶段包括确定教学目标、制定教学策略、确定教学顺序、设计辅助资源、选择视频制作工具五个步骤。

（1）确定教学目标

根据学习需求分析的结果以及学习内容分析的结果,选择适合用微课程呈现的学习内容,把学习内容细化成知识点,针对不同的知识点确定教学目标。对于短短几分钟的微课程,课程一开始直接告诉学习者教学目标是非常重要的。罗伯特·加涅在《教学设计原理》一书中讲到:教师不要以为学生知道教学目标,或者让学生猜测教学目标,教师应该非常明确告知学生教学目标。教学目标的重要性不仅让学生的学习有了方向感和归宿感,更可以让教师的整个教学过程不偏离教学目标,从而取得较好的教学效果。在微课程的实际制作过程中,授课教师根据知识点的内容,用一句简单明确的话就可以告诉学生教学目标。

（2）制定教学策略

教学策略按其功能划分,可以分为组织策略、传递策略和管理策略。微课程的教学设计主要关注组织策略和传递策略。组织策略在这里主要表现在根据所选知识点确定如何组织教学内容,关键的是如何用最短的时间配合最佳的教学内容组织从而取得最好的教学效果。传递策略是决定运用何种媒体和手段将知识有效传递给学习者的方法。其实对于微课程的教学设计者来说,主要考虑用那种微课程的表现形式能更好地传递教学信息。比如,录屏这种微课程表现形式比较适合演示操作逻辑推理比较强的知识点,而摄像这种表现形式较适合演讲、解释陈述性比较强的知识点。

（3）安排教学顺序

教学顺序的安排在微课程的制作过程当中是非常重要的,微课程时间短、效率高,教学顺序是微课程整个教学过程的安排,在有限的时间内教师先讲授什么,接着讲什么,如何结尾是教学顺序主要解决的问题。罗伯特·加涅的九个教学事件理论,对微课程的教学顺序安排具有非常重要的指导意义,这九个教学事件包括:引起注意、告知目标、复习旧知、讲授新知、提供指导、组织练习、提供反馈、评定行为表现和增强记忆与促进迁移。这九个环节在实际的微课程制作过程当中并不是缺一不可的,而且顺序也不是一成不变的。但一般说来,引起注意、告知目标、讲授新知、提供指导这四个环节是微课程教学过程中必须具备的。微课程作为一种微型课程,在教学顺序上最后还应该加上课程的结语部分,每一个微课程结束时要有一个简短的总结,概括要点,帮助学习者梳理思路,强调重点和难点。因此微课程的教学顺序如图 2-3 所示,其中引起注意和告知目标两个环节顺序可以调换。

图 2-3　微课程的教学顺序

（4）设计辅助资源

微课程的表现形式不同,需要的辅助资源也不一样。对于各种微课程形式,需要的辅助资源主要有:高质量的 PPT 课件;根据学习内容分析,以及所采用的教学顺序,设计纸质或电子版的教学过程脚本;有些微课程还需要简单的测试题,这里的测试题形式可以多样化,如需要学生进一步思考的问题,针对知识点的辅助练习题等。

（5）选择确定微课程制作工具

可以支持微课程的制作工具很多,根据不同的表现形式可以选择不同的微课程制作工具,选择和确定微课程视频制作工具可以参考表 2-1。

表 2-1　微课程制作工具参考表

微课程类型	制作工具	辅助设备	辅助教学资源
电脑屏幕、手写板录制型	录屏软件,写字板	电脑,摄像头,耳机,话筒等录音录像设备	PPT 课件,教学过程脚本
高清摄像机实景拍摄型	录像机,手机,录播教室的全自动录播系统	电脑,三脚架,领夹麦克,投影设备,操作平台	PPT,故事板,教学过程脚本
数字故事型	Powerpoint(2010,2013)	电脑,格式转换软件	PPT 课件

从表 2-1 可以看到,不同的微课程类别所需要的制作工具、辅助设备以及辅助教学资源是不一样的。在具体的制作过程中,可以灵活地选择和确定其中所需要的工具,某一种类型当中也不是所有的制作工具、辅助设备、辅助教学资源都会用到,比如在用手机录制微课程时,选择的视频制作工具应该包括:手机,操作平台(比如黑板、白纸等),教学过程脚本。

2.3.3　开发阶段

开发阶段是微课程制作的核心阶段,其主要步骤包括多媒体课件制作、开发课程脚本、编制测试题、开发微课程。同样,不是所有的微课程在开发阶段都需要这四个步骤。

（1）制作多媒体课件

PPT 课件是国内教学过程中最常用的课件形式,开发微课程之前制作高质量的 PPT 课件是非常重要的一个步骤。PPT 课件也是一种“产品”层次的教学系统设计应用,它的设计和开发也需要包含基本的教学设计理念。高质量的 PPT 课件体现在:课件具有美感,给人一种简单、美观、风格统一、舒适的视觉感受;课件具有较好的逻辑结构,应具备基本封面页、教学目标页、内容页、结束页;课件应具备适当的交互和动画部分(适当的交互和动画可以启发学生思考,PPT 动画转为视频时具有很好的视频效果)和演示具体过程,辅助教师更好地讲授教学内容,确保较好的教学效果。

（2）开发课程脚本

开发课程脚本是所有微课程制作的必备步骤,逻辑清晰的课程脚本是微课程顺利录制的重要保证。对于录屏类、录像类和 PPT 自动播放类的微课程大多数需要多媒体课件的辅助,在开发课程脚本过程中可以参考以下课程脚本结构,如表 2-2 所示。对于不需要课件辅助的微课程,比如可汗学院式微课程,其课程脚本结构参考表2-3。

表2-2　课程脚本结构

幻灯片编号	页面内容描述	配音内容
……	……	……

表2-3　课程脚本结构

操作过程编号	过程内容描述	配音内容
……	……	……

（3）编制测试题

测试题的编制不是所有微课程制作过程的必要步骤,但是建议微课程教学设计者在微课程中提供必要的思考题、练习题。思考题可以在教学过程中提出来,教师不是直接告诉学生答案,通过启发学生思考,教师运用语言和教学艺术告诉学生答案。练习题可以在课程的最后呈现出来,这里的练习题一般要求与学生面对面的同步课堂结合起来,这样效果更好,比如翻转课堂教学模式的顺利实施就需要此类微课程。

（4）开发微课程

设计以及辅助资源的开发,确保了微课程的顺利录制。在微课程的录制过程中需要注意以下两点:

一是根据不同学习者的特征,教师要使用恰当的语言和措辞,甚至可以是幽默的。特别是对于中小学生,面对一段教学视频,如果听到的是教师冷冰冰的、没有感情和亲和力的讲述,就很难激发学生持续的学习动机。

二是对于操作性知识的讲授,语速适中,操作过程要简单明了,不要有太多琐碎的动作,比如不断转动手中的写字笔,在屏幕上不要乱晃鼠标等;录制视频的环境要安静,不要有噪音。

2.3.4　实施阶段

微课程的实施阶段在实际的教育环境当中可能有以下情境:一是上传至微课程制作者的博客、空间或者优酷等公共服务平台上;二是上传至学校公共的学习资源平台上;三是上传至上一级教育管理部门的学习资源管理平台上。国内微课程刚刚起步,目前为止,还没有一个较大的微课程学习资源公共服务平台,因此前两种上传和传播形式占多数。第一种上传和传播方式的学习者不够集中,但是任何学习者都可以学习和观看,范围比较广。第二种上传和传播模式学习对象集中,学习者的准入机制不够开放,学习者收益面小而窄。第三种模式是一种可以弥补上面两种问题的比较好的方式,像网易公开课、爱课程这样的公共服务平台,可以让更多的学习者从微课程中受益并提高。

2.3.5　评价阶段

微课程的评价包括形成评价和总结性评价两个部分,重点是形成性评价。微课程的形成性评价是指在微课程上传至网络推广使用之前,先在一个小范围内进行试用,目的是为了发现问题,评价和修改微课程。根据微课程的特点,其形成性评价主要包括三个阶段:第一,自评阶段,微课程开发者本人即教师在录制完微课程之后,先进行自我评价,发现问题,修改完善。第二,专家评价阶段,专家可以包括学科专家、教学设计专家或其他相关领域专家开展评价。这个阶段很重要,根据专家的建议,再次修改微课程。第三,一对一评价阶段,选定3～8个试用对象试用微课程,教师通过学生观看课程的表情,简单访谈,提出修改意见,修改微课程。在这个过程中,3～8个学生不是同时观看微课程,而是学生和教师一对一地观看,试用者逐个进行,确保收集的反馈信息具体全面。形成性评价是一个让微课程臻于完美的一个过程,三个阶段的形成性评价是保证微课程教育性、科学性、技术性、艺术性的重要保证。

三个阶段的形成性评价完成之后,评价并没有结束,可以将微课程上传至公共学习资源平台,让更多的网络学习者评价微课程,吸收接纳学习者的建议,在以后版本更新时再改进提高。

2.4 微课程教学设计模板

微课程教学设计应该立足于一门课程,教学内容分析是以整体内容分析和分割教学内容为基础的,基于一门课程整体的微课程教学内容分析表模板如表2-4所示。微课程详细脚本设计表模板如表2-5所示。

表2-4 微课程整体教学内容分析表

课程名称		
课程描述		
教学目标		
课程关键词		
章名称	节名称	知识点(1个微课对应1个知识点)
第一章:	1.1	微课1-01: 微课1-02: 微课1-03: …
	1.2	
	1.3	
	…	
第二章:	2.1	微课2-01: 微课2-02: 微课2-03: …
	2.2	
	2.3	
	…	

章名称	节名称	知识点（1个微课对应1个知识点）
第三章：	3.1	微课3-01： 微课3-02： 微课3-03： …
	3.2	
	3.3	
	…	
第四章：	4.1	微课4-01： 微课4-02： 微课4-03： …
	4.2	
	4.3	
	…	

表 2-5　微课程详细脚本设计表

微课程编号		微课程标题		
序号	分镜画面	内容（旁白）	内容（文字）	时间
1				
2				
3				
4				
5				
6				

第3章 微课程制作必备软件技术

3.1 微课程制作必备 PPT 课件技术

PowerPoint 作为微软出品的一款功能强大的演示文稿软件,在教师的日常教学中越来越显示出其重要性。特别是在微课程制作过程中,PPT 更是起到了至关重要的作用,任何种类的微课程,都离不开 PPT 制作环节,PPT 的制作质量在很大程度上决定了微课程最终的质量,因此在微课程制作过程中应充分关注 PPT 的制作。

3.1.1 PPT 课件宽高比

3.1.1.1 宽屏 PPT 的优点

50 年前宽银幕电影开始取代普通电影,5 年前宽屏幕电脑开始取代普通电脑,宽屏正成为一种趋势。默认情况下 PPT 模板的长宽比例是 4∶3,这在现在的宽屏显示环境下会出现屏幕两边空白的情况。PPT 一页由 4∶3 到 16∶10,由 16∶10 再到 16∶9,逐渐成为趋势。微课程制作时 PPT 为什么要做成宽屏的呢? 原因有以下几点:

(1) 宽屏 PPT 的微课程更符合人类视觉审美

人喜欢看广角的画面,16∶9 格式的宽屏是符合黄金分割率的,更符合我们的审美习惯。因为人体双眼的瞳孔比例不是方的,也不是接近方的,而是长的,接近于 16∶9。所以,看宽屏的画面感觉舒服、大气、冲击力强。而这正是微课程视频所需要的。当观众在你的微课程里感受到大片的那种愉悦和气势的时候,一定会为你的微课程的效果大大加分的。

(2) 宽屏 PPT 的微课程能显示更多内容

在传统 4∶3 的窄屏画面里,每页的内容只能围绕一个中心点进行布局,画面局促;但在16∶9 的宽屏画面里,画面可以左右布局,可以有两个中心,可以实现两画面甚至多画面的同步演示,如目录和内容的同步变换、观点和证据的同步变换。在 16∶9 的画面里,导航、观点、解释和论据都能够在画面有层次摆放,而且不显得拥挤。

(3) 与主流摄像机的拍摄模式相匹

现在主流的摄像机的拍摄模式已由传统 4∶3 的模式转为宽屏 16∶9 模式。微课程在拍摄时一般都会要求选择高清模式,将拍摄模式调整为 16∶9,因为所有高清视频的拍摄模式都是 16∶9,4∶3 是属于标清格式的。所以当我们需要将拍摄好的视频与 PPT 一起做后期视频合成时,宽屏 PPT 的优势是十分明显的。

(4) 适应新硬件的升级

现在主流的显示器尺寸已经是 16∶9 或 16∶10 的宽屏了,投影幕布的显示比例也正向16∶9 的宽屏演变。在这样的屏幕里,如果 PPT 仍然是 4∶3 窄屏,画面会比 16∶9 的比例显得相对难看,左右两侧会多出黑条。

3.1.1.2 宽屏PPT的实现技术

以PowerPoint2010版为例进行说明,在制作微课程演示PPT时,默认新建的PPT尺寸是4∶3的格式,如图3-1所示。

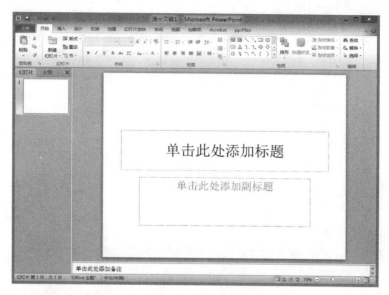

图 3-1　PPT软件启动时的默认尺寸4∶3

一定要在正式开始制作前将高宽比修改为16∶9,否则如果在添加内容后再进行修改时会导致图片高宽比改变,图片会失真。修改的方法为点击"设计"菜单选项卡,选择"页面设置",弹出"页面设置"对话框,从对话框可以看到默认的尺寸为4∶3,如图3-2所示。

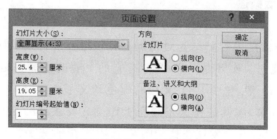

图 3-2　PPT软件启动时的默认尺寸4∶3

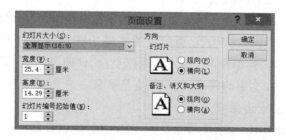

图 3-3　修改为"全屏显示(16∶9)"

点击"幻灯片大小"的下拉列表框,选择"全屏显示(16∶9)"模式,点击"确定"完成修改,

如图 3-3 所示。此时的 PPT 页面的宽度为 25.4 厘米,高度为 14.29 厘米,其比例为 16：9,
对低版本 PowerPoint 软件,直接修改页面宽度即可完成页面设置。

设置后的 PPT 页面如图 3-4 所示。

图 3-4　修改后的幻灯片 16：9

3.1.2　PPT 课件母版技术

我们在使用 PPT 做演示文档时,在开始之前一定做好准备工作,其中母版的风格与样式
一定要做好规划,PPT 的母版规划是 PPT 制作的第一步。

3.1.2.1　PPT 母版概述

很多人把"PPT 模板"与"PPT 母版"混淆,认为是同一意思,其实不然。PPT 母版为
PPT 模板下的概念,母版的内容归结为对首页、内页、尾页的背景设计,类似于 word 文档中
的"页眉"或"页脚"的概念。如果说一个 PPT 有它的灵魂的话那就是 PPT 的母版。它的作
用犹如摩天大厦的基础一般,整个 PPT 文档的配色和文字方案都将取决于用什么母版。简
单来讲母版就是你的画布,你就是在这张画布上作画。要注意的是在一般编辑状态下对母
版是无法修改的,这也是经常会发现在找到的某个 PPT 里的文字和图片不可以修改,这很大
可能是 PPT 里的文字和图片被放在了 PPT 母版里了。

母版上的内容只有在编辑母版时才能修改,如果母版上有一个动画,那这个动画会在每
张 PPT 中出现。母版的特性决定了它所显示的必须是整个 PPT 中所共有的东西。诸如你
的微课程标题、你的姓名、你单位的 logo、微课程全称、日期、页码或是某些特殊的标记。同
时母版还决定着你标题和文字的样式,统一性也是衡量一个 PPT 好坏的标准之一,而母版是
整个 PPT 文档统一性的有力保障。

掌握了 PPT 母版设置,PPT 会变得很整齐,PPT 文件所占存储空间会变得小很多,而且修
改方便。幻灯片母版是幻灯片层次结构中的顶层幻灯片,用于存储有关演示文稿的主题和幻灯
片版式的信息,包括背景、颜色、字体、效果、占位符大小和位置。每个演示文稿至少包含一个
幻灯片母版。使用幻灯片母版,由于无需在多张幻灯片上键入相同的信息,会节省很多时

间。如果您的演示文稿非常长，其中包含大量幻灯片，使用幻灯片母版就显得特别方便。

幻灯片母版影响整个演示文稿的外观，因此在创建和编辑幻灯片母版或相应版式时，您将在"视图"选项卡下选择"幻灯片母版"视图操作，如图3-5所示。

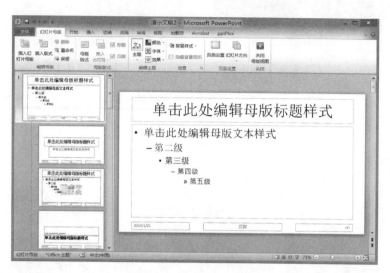

图3-5　空白的幻灯片母版

在图3-5中左侧栏"幻灯片母版"视图中顶部稍大一些的为幻灯片母版，在其下部是与它上面的幻灯片母版相关联的幻灯片版式，下部每一张母版都会沿用"幻灯片母版"最上部一张，位于最上部的一张也可以称为"母版的母版"。在制作PPT页面时，首先要选择幻灯片的版式，也就是"幻灯片母版"视图中第一张稍大一点PPT下面的母版版式。

图3-6是显示一个设计好的幻灯片母版及各版式。

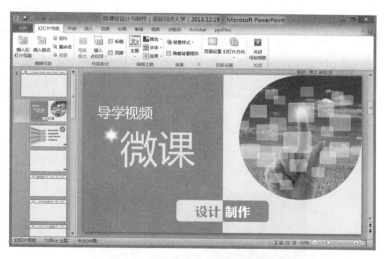

图3-6　设计好的幻灯片母版结构

图3-6的一套幻灯片母版共包括9个不同的版式，分别是封面母版、目录页母版、过渡页母版、第一章母版、第二章母版、第三章母版、第四章母版、第五章母版、封底母版，如图3-7、图3-8、图3-9、图3-10、图3-11、图3-12、图3-13、图3-14、图3-15所示。

图 3-7 封面母版

图 3-8 目录页母版

图 3-9 过渡页母版

图 3-10 第一章母版

图 3-11 第二章母版

图 3-12 第三章母版

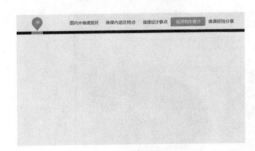

图 3-13 第四章母版

图 3-14 第五章母版

图 3-15 封底母版

3.1.2.2 PPT 母版制作要点

一套完整的微课程 PPT 母版包括封面、目录页、过渡页、章节页及封底五部分,在制作每一部分的母版时可以使用各种 PPT 编辑方法,如插入图片、复制、粘贴等。

母版的制作一般不会从空白开始,通常是在网上找到的一个比较漂亮的模板文件(*.ppt或者*.pptx),然后在"幻灯片母版"视图进行二次编辑。下面教大家对 PPT 母版进行定制的基本操作要点,以 2010 版的 PowerPoint 软件为例。

① 首先进行页面设置。在"设计"选项卡下,选择"页面设置",将默认页面改为宽屏 16:9 的格式。点击"视图"选项卡,选择"幻灯片母版",进入幻灯片母版编辑页面。这时你会看到在页面左侧母版视图中一共有 11 张不同的母版版式,如图 3-16 所示。

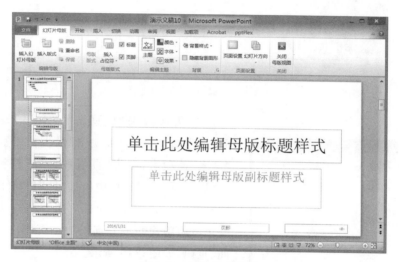

图 3-16　默认母版版式

② 点击"主题"按钮,在弹出的主题列表中选择"波形"主题,如图 3-17 所示。

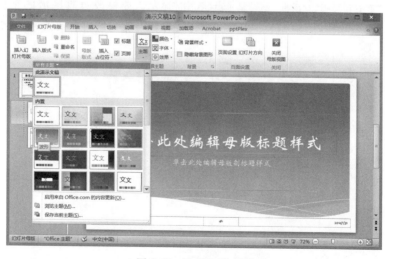

图 3-17　选择波形主题

③ 本例只保留前两张版式,分别是"标题幻灯片"及"标题和内容"版式,将其他版式都删

微课程设计与制作教程

除掉,删除完毕后的母版结构如图 3-18 所示。

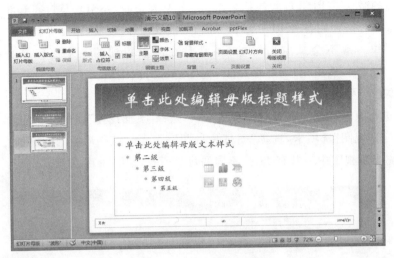

图 3-18 选择"波形"主题

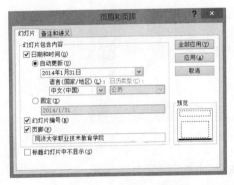

图 3-19 "页眉和页脚"对话框

④ 为母版添加"页脚"、"页码"及"日期和时间"。点击左侧"母版视图"最上方一张母版,点击"插入"选项卡,点击"页眉和页脚"按钮,在弹出的"页眉和页脚"对话框中勾选"日期和时间"、"幻灯片编号"、"页脚",点击"全部应用"按钮,可以看到在每一个母版版式的下方都添加了页脚内容、日期和时间、页码,如图 3-19 所示。

⑤ 页码(幻灯片编号)的呈现格式为"〈#〉",而不是具体的数字,页码会在关闭"幻灯片母版"进入编辑状态时显示。要修改页脚区域的字体格式及位置一定要选择第一张母版进行修改,如图 3-20 所示。

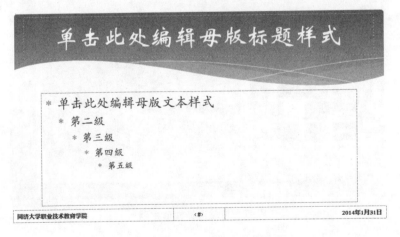

图 3-20 修改页眉和页脚字体格式

⑥ 制作封底母版。选择"标题幻灯片"母版,使用快捷键 Ctrl＋D,复制一张幻灯片,将新产生的母版移至最下方,并在其上点击鼠标右键,在弹出的快捷菜单中选择"重命名版式",将版式名称改为"封底",删除封底页面上的多余内容,调整图像宽度,并添加相应的文字,如图 3-21 所示。

个人观点 . 请多指正

图 3-21　添加封底幻灯片母版

3.1.2.3　PPT 母版使用方法

当创建了一套完整 PPT 母版时,就可以正式开始微课程演示文稿的制作。实际应用时要先关闭母版视图,回到 PPT 编辑视图。点击"开始"选项卡,选择"新建幻灯片",从弹出的幻灯片版式中选择合适的幻灯片母版版式,如图 3-22 所示。

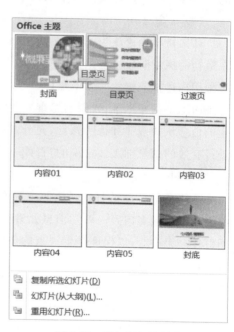

按照 PPT 文档的顺序分别选择"封面"、"目录页"、"过渡页"及"内容 01"母版版式页面,制作完毕选择"封底"母版版式。这样的一个制作过程既保证了整个文档格式的统一性,又避免了页面间的拷贝操作,由于多个页面使用同一个母版,大大节省了文档的存储空间。

3.1.3　PPT 课件排版技术

教师在制作微课程过程中,运用 PPT 设计教学演示文稿,特别是在制作 PPT 录制型及数字故事型微课程时要注意排版问题。特别是由于 PPT 演示文档本身的排版不合理,导致微课程呈现的质量比较差。具体总结有以下几个问题:

图 3-22　添加幻灯片版式

第一,PPT 课件的运用变成教材搬家,文字顶天立地,满屏密密麻麻,学生接受超量信息的灌输,容易造成视觉疲劳。

第二,设计过于简单,缺乏构思,PPT 变成讲课提纲,课件的运用仅仅是以屏幕代替黑板。

第三,文字颜色与背景颜色搭配不合理,文字不清晰,刺激弱化,影响学生的学习效果。

第四,背景设计不合理,没有考虑背景图片是否与讲课主题有关系,有的背景颜色杂乱,影响学生的注意力。

微课程设计与制作教程

第五,版面布局不合理,元素乱摆放,影响学生观感。

3.1.3.1 PPT 设计原则

（1）简洁

PPT 课件在微课程视频制作过程中具备信息传播辅助性特征。从这个角度理解,PPT 课件应该是信息传播的辅助工具,它所承载和演示的信息只是信息的要点和重点,在信息承载的过程中起到突出、强调和提示的作用,帮助人们更好地抓住要点进行信息加工,而不是像 Word 一样,用来编辑和承载整篇文档供人们详细阅读。用于微课程的 PPT 课件与其他多媒体课件不一样,它更依赖于教师的讲解来描述更多细节。所以,PPT 课件不能是教材搬家,要尽量简洁,用自己归纳总结的语言展现给学生。此外,简洁也比较有利于学生的记忆,学生通过观看教师的一段微课程视频,如果能理解并记住教师讲的几个要点,那就是成功的。

（2）清晰

清晰包含两层意义。第一层意义是清晰的逻辑。PPT 是以页为基本单位,每一张幻灯片都是一个相对独立的页面,页与页之间的联系是根据它所承载的知识体系内在的逻辑关系来体现,既有知识点的连续性,又有知识点的转换,所以幻灯片的制作应该体现知识体系的逻辑性。第二层意义是清晰的文字,要重视不同字体选择及字号的合理运用。

（3）形象

认知科学理论认为,人们在认知的过程中,不同的阶段对信息媒体有不同的需要。一般在最初的探索阶段主要采用能提供具体信息的媒体,如语音、图像等,而在最后的分析阶段多采用描述抽象概念的文本媒体。也就是说,人们在认知和信息加工时,首先使用的是形象思维而不是抽象思维,人们的思维发展是从具体到抽象。因此在设计 PPT 时,就必须尊重学生的信息认知规律和视听感觉,充分发挥形象化多媒体元素在教学过程中的作用,帮助学生进行有效的信息加工。常说的"百闻不如一见"、"文不如表,表不如图"就是这个道理。

（4）主体突出

主体是幻灯片界面要表达的主要对象。一张幻灯片的界面是有限的,不可能在有限的界面中塞进很多内容。教学信息元素在界面中必须是明确、突出且能引人注目的,最好一幅幻灯片一个中心,以保证学生视点的集中,思维能够围绕中心展开。许多教师在 PPT 课件设计时,只注意对内容的研究而忽视界面的设计,造成界面视点不明确,重点不集中,主体信息不突出,直接影响信息呈现的准确性和有效性。

3.1.3.2 PPT 排版设计要点

（1）理清设计思路,合理构建课件结构

制作微课程 PPT 课件,一定要对课件的设计有非常清晰的思路,如课件的整体框架如何构建,章节之间如何过渡,哪些教学内容需要精简,哪些地方需要添加动画演示等,这些在制作课件前就要心中有数了,而不是想到什么就做什么。PPT 教学课件不仅要求内容丰富,更要有清晰的层次结构,这样学生才能在整个教学过程中把握教学的整体思路。一个完整的 PPT 课件应该包括封面、目录、导航页(过渡页)、内容和结尾五大部分。好的课件封面可以给学生留下较深的第一印象;目录则可以告诉学生本章课件的主要教学内容,让学生"心中有数";导航页可以让学生明确老师的上课进程;结尾则与封面相呼应,可以通过致谢、留下教师的联系方式、励志的名言等进行结尾。

（2）文字设计技巧

文字是教学信息呈现的主体元素，它不仅是教师传递教学内容的主要载体，也是学生获取知识的重要来源。在文字设计中要注意把握几个技巧。首先，文字的设计要简明扼要，突出系统知识的要点和重点，主要起到强调和提示的作用。其次，文字的字号要足够大，标题一般用 44 或 40 号，正文用 32 号，一般不要小于 24 号，更不能小于 20 号；同一级别的标题要用相同的字号；一幅幻灯片中最好不要超过 7 行字，一行字的字数 20～25 个为好，最多为 10 行。另外，要采用合适的字体、字形，选择的字体要醒目，一般宜采用微软雅黑、黑体、华康丽金黑等字体。标题一般用华康丽金黑、黑体，正文用微软雅黑。一幅幻灯片中尽量不要超过 3 种字体。此外，要设定合理的字间距和行间距，要留出适当的空隙。成段文字的行间距不应小于字高的 0.5 倍。最后，要避免使用一些装饰字体，少用艺术字体。

微课程用 PPT 教学课件不同于其他演示类的 PPT 作品，其包含的文字信息较多，为了避免同一页幻灯片中的文字过多，在制作 PPT 教学课件前，就要对课件的文本内容进行精减，提炼出关键信息，而且在一页幻灯片上显示的要点不能太多，否则会分散学生的注意力。如果课件中的文字实在不能精减，则可以通过添加备注后分屏演示、分成几页、利用动画逐条演示等方法来加以改进与完善。

（3）色彩搭配技巧

色彩的运用，是 PPT 课件设计要考虑的一个重要方面。色彩搭配是对幻灯片的色彩基调、风格等做协调安排，其主要功能是起到衬托、突出主体信息，统一风格，增强课件艺术性的作用。色彩搭配有 3 种方法：一是用两种暖色调色彩搭配，即红色、黄色、橙色等色彩的搭配；二是用两种冷色调色彩搭配，绿色、紫色、蓝色等色彩的搭配；三是用对比色调的色彩搭配，既把色性完全相反的色彩搭配在同一个空间里，如红色与绿色、黄色与紫色、橙色与蓝色。

但是，对比色调如果用得不好，会适得其反，产生俗气、刺眼的不良效果。在选用两种色彩搭配时，要避免出现厌恶色。比如，色块不宜使用红—绿、红—蓝、绿—蓝等色彩搭配，这些色彩组合会在边界产生振荡和余像。所以，在选用对比色的时候，要注意把握"大调和，小对比"这一个重要原则，即"总体协调，局部对比"，也就是说：整体色彩效果应该是和谐的，只有局部的、小范围的地方可以有一些强烈色彩的对比。

选好配色是制作 PPT 课件成功的基础，好的配色不仅能给学生愉悦的感受，提起学生的学习兴趣，还能帮助学生区分重点。不同风格的 PPT 教学课件，所采用的色调也不尽相同，但应遵循以下的几个原则：一是对比要强烈，即画面的内容与背景之间、不同的内容之间要具有高的对比度，避免使用相近的颜色；二是颜色要协调，在教学课件中切记不要出现成片的大红大绿，推荐使用白色、黑色、灰色作为课件的底色，而文字的颜色可以考虑白色、黑色、深蓝色。

（4）合理利用图片、图表

在课件中使用图片可以使讲解的内容更加形象、具体，好的图片胜过千言万语。在设计 PPT 课件时，应尽量使用精美的图片来修饰课件，要用图片来把教学内容的意思有效、直接地表达出来，让其真正起到锦上添花、画龙点睛的作用。比如在讲解有关团队合作、营销方面的内容时，就可以通过添加一些高清的商务图片来增加渲染的效果。

逻辑图表可以将对象间的逻辑关系视觉化，打破呆板的页面版式，让枯燥的文本变得更加"鲜活"。在制作 PPT 课件时，要理清文字之间的逻辑关系，并选用合适的图示。PowerPoint 2010 自带了不少的 SmartArt 图示，包括列表图、流程图、循环图、层次结构、关系图、矩阵图、示意图等多种类型，不同类型的逻辑图表都有一定的意义，如果能利用好这些图示，就可使课件增色不少。特别是在 PPT 中对逻辑图表设置一些简单的动画效果，在生成微课程视频时通常会有非常好的视频效果。

在 PPT 课件中，图片摆放的位置也非常重要。如果图片是主要内容，就要放在幻灯片的中间，次要内容就要放在角上。在一页幻灯片中，一般不要堆放太多的图片，如果在一页幻灯片中使用多张图片，图片不要随意堆放，一定要对齐。图文混排的 PPT 课件，建议把文字与图片分开，切记不要把文字放在颜色较多的图片里，因为在这些"纷繁复杂"的图片上打字，图片很容易把文字给淹没了。如果一定要在图片中打字，可以通过为文字添加半透明背景色或在图片中划出文字空间等方法来解决。

（5）版面布局技巧

字体设计、颜色搭配和要素摆放都是 PPT 设计中比较细节的方面，从宏观上来设计就涉及 PPT 整个版面的布局。版面布局是指将文字、图片、图形等可视化信息元素在版面上调整位置、大小，使版面布局条理化的过程。版面布局要把握以下六个原则：

第一，对齐原则。相关内容必须对齐，次级标题必须缩进，方便读者视线快速移动，一眼看到最重要的信息。

第二，聚拢原则。将内容分成几个区域，相关内容都聚在一个区域中。段间距应该大于段内的行距。

第三，留白原则。千万不要把页面排得密密麻麻，要留出一定的空白，这本身就是对页面的分隔。这样既减少了页面的压迫感，又可以引导读者视线，突出重点内容。

第四，降噪原则。颜色过多、字数过多、图形过繁，都是分散读者注意力的"噪音"。

第五，重复原则。多页面排版时，注意各个页面设计上的一致性和连贯性。另外，在内容上，重要信息值得重复出现。

第六，对比原则。加大不同元素的视觉差异。这样既增加了页面的活泼，又方便读者集中注意力阅读某一个子区域。

PPT 课件设计制作是微课程开发的重要技能。如何设计好 PPT，首先要模仿，经常模仿好的 PPT 的制作方法，自己修改和重新组合元素，不断积累，就可以形成自己的设计风格。

3.1.4 PPT 课件图片处理技术

在微课程制作过程中，拥有精美图片的 PPT 更能打动观看者的心，下面，介绍几种让图片处理更具创意的做法。若你会 PhotoShop，当然更好，但是若你不会，其实也大可不用去学，因为微软推出的 Office PowerPoint 2010 版本已经加强了它在图片处理方面的功能，能够满足我们在制作微课程中的图片处理需求。下面介绍几种 PowerPoint 2010 版本自带的图片处理技术，这些技术可以使微课程 PPT 更专业、更吸引人驻足观看。

3.1.4.1 给图片添加边框

在 PPT 中插入一张图片时，可以给图片四周添加边框，这样可以使图片显得非常整齐与专业，图 3-23 是插入的原图，图 3-24 是添加边框后的效果。

图 3-23　插入的原图　　　　　　　　图 3-24　添加边框后的图片

操作方法如下：

① 双击要添加边框的图片，弹出"图片工具/格式"选项卡，在图片样式中选择第一个样式"简单框架"，就可以快速地为图片添加一个边框，如图 3-25 所示。

图 3-25　添加边框后的图片

② 也可以双击要添加边框的图片，弹出"图片工具/格式"选项卡，在图片样式中选择"图片边框"，选项，为图片选择不同颜色的边框，如图 3-26 所示；并通过"粗细"选项为图片边框设置不同的宽度，一般在 3～4.5 磅，不建议太粗的边框，如图 3-27 所示。

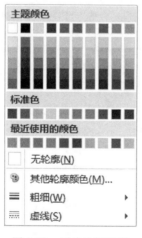

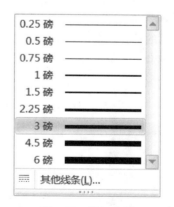

图 3-26　图片边框选项　　　　　　图 3-27　粗细选项

3.1.4.2　裁剪图像

如果插入到 PPT 中的图像过大，需要删除掉不要的部分，或者只需要图像中的某一部分，这时需要对图像进行裁剪操作，如图 3-28、图 3-29 所示。

微课程设计与制作教程

图 3-28　插入的原图

图 3-29　裁剪四周边缘后的图像

操作方法如下：

双击要裁剪的图片，弹出"图片工具/格式"选项卡，在"大小"选项卡中选择"裁剪"，如图 3-30 所示。这时在图片四周会出现一些黑色的热点，如图 3-31 所示，将鼠标移动到热点上，按下鼠标左键并拉动鼠标就可以对图片进行裁剪。

图 3-30　裁剪选项

图 3-31　点击"裁剪"后图片四周的热点

3.1.4.3　给图像加映像

如图 3-32 所示的照片，在照片的下部有一个倒影，在 PPT 软件中称为映像，这个操作有时可以增加 PPT 照片的美感。

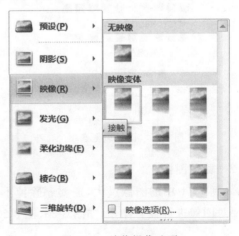

图 3-32　添加映像后的效果

图 3-33　映像操作选项

操作方法如下：

双击要添加映像的图片，弹出"图片工具/格式"选项卡，在"图片样式"中选择"图片效果"，在弹出的对话框中选择"映像"，再选择"紧密映像，接触"效果，如图3-33所示，就得到图3-32所示的映像效果。

3.1.4.4　三维图像效果

如图3-34所示的照片，图形仿佛立在那里一般，特别适用于展示多张图片，这个操作可以增加PPT图片的庄重感。

图 3-34　添加三维图像加映像后的效果

操作方法如下：

① 双击要添加三维效果的图片，弹出"图片工具/格式"选项卡，在"图片样式"中选择"图片效果"，在弹出的对话框中选择"三维旋转"，再选择"透视"效果中的"右透视"效果。

② 在图片上单击鼠标右键，在弹出的快捷菜单中选择"设置图片格式"，打开"设置图片格式"对话框，选择"三维旋转"，将"旋转"选项中"X"设为310°，"透视"设为90°，如图3-35、3-36所示。

图 3-35　选择设置图片格式　　　　　图 3-36　设置"三维旋转"

③ 在"图片样式"中选择"图片效果",在弹出的对话框中选择"映像",再选择"紧密映像,接触"效果,就得到图 3-34 的三维图像加映像的效果。

3.1.4.5 裁剪图片为个性形状

如图 3-37 所示的照片组中,照片被裁剪为各种形状,比传统矩形图片显得有个性,呈现出的效果更专业。

图 3-37 裁剪为各种形状的图片

操作方法如下:

双击要裁剪的图片,弹出"图片工具/格式"选项卡,在"大小"中选择"裁剪"的下拉箭头,在弹出的"裁剪"选项中选择"裁剪为形状"操作,选择任意一种形状,如圆角矩形、尖角矩形、圆形等应用于图片,就可得到一些非常美观的效果。

3.1.4.6 设置图片艺术效果

类似于 PhotoShop 中的滤镜效果,可以非常方便地应用各种艺术效果于图像,效果如图 3-38 所示。

图 3-38 图片各种艺术效果

操作方法如下：

① 双击要应用艺术效果的图片,弹出"图片工具/格式"选项卡,在"调整"中选择"艺术效果",选择任意一种效果应用于图片,即可对图片设置所见即所得的艺术效果。

② 也可以选择"颜色"选项卡,设置"颜色饱和度"、"色调",可将图片的颜色进行调整,如设置成为"灰度"等。

3.1.4.7 去除图片背景色

利用 PowerPoint 软件自带"调整"工具栏上的"设置透明色"功能消除背景色,实现"抠图"。

图 3-39　原图　　　　　　　　　图 3-40　去除背景色后的效果

操作方法如下：

双击要去除背景色的图片,弹出"图片工具/格式"选项卡,在"调整"中选择"颜色"的"设置透明色",然后在照片中的绿色背景任意点击一下,就可以自动将背景去除,得到图 3-40 所示去除绿色背景后的人物,此时照片的背景变成了透明背景。但要注意 PPT 自带的"设置透明色"操作不能设置颜色容差,所以对背景颜色的纯度要求较高。

3.1.5　PPT 课件动画技术

动画在传递信息方面有很强的表现力,利用动画可以动态地模拟演示一些事物的发展变化过程,使许多抽象或难以理解的内容变得生动有趣。在使用 PPT 中,动画受到了越来越多人的重视。在动画的使用过程中应该遵循以下原则:首先,实用性原则。动画要多选取那些常规方法无法演示或不易演示、演示观察不清的内容,对于那些可以用口头的方式、文字的表述或者图片就能表达清楚的信息,就完全没有必要使用动画了。其次,适度信息量原则。动画信息量不宜过大,要根据传播的要点选择能突出主题的动画,否则会出现过多的干扰信息而影响内容的表达。最后,真实性原则。选择的动画必须符合现实,能反映出真实的信息。使用动画的目的就是要将难以观察到的或者难以描述的事物呈现给受众,如果违反真实性就会失去它应有的效用。

在 PPT 教学课件中,内容以文字居多,所以添加的文字动画要干净利落,要让学生的注意力集中到教学内容上而不是文字效果上,比如可以采用淡出、擦除、切入、缩放等动画,至于那些幅度较大、花哨的动画,比如螺旋飞入、玩具风车、中心旋转等都不适合在文字动画中使用。如果在教学过程中需要随时控制动画播放顺序及开发一些交互时,可以考虑使用触

微课程设计与制作教程

发器来实现。

3.2　微课程制作必备视频编辑软件技术

对高清摄像机实景拍摄型及触摸一体机 PPT 演示型微课程都需要对拍摄好的视频进行后期加工,因此微课程制作必须掌握一定的视频编辑技术。本节以会声会影软件为例,介绍微课程制作所必备的视频编辑技术。会声会影软件在多媒体制作领域扮演着举足轻重的角色。它能使用多轨的影像与声音来合成与剪辑动态影像格式,并兼顾了广大视频用户的不同需求,提供了一个低成本的视频编辑方案。用户可以在没有任何视频编辑基础的情况下,经过本节的学习而使用它随心所欲地对各种视频进行编辑,轻而易举地创建拍摄型微课程。

3.2.1　常用微课程视频概述

3.2.1.1　微课程视频格式介绍

微课程视频由文本、图形图像、声音、拍摄视频、动画等多种形式组合而成。视频信息是由一连串连续变化的画面组成的,每一幅画面称为"帧",这样一帧接一帧地在屏幕上快速呈现,形成了连续变化的影像。微课程视频具有声音与画面同步、表现力强的特点,能大大提高教学的直观性和形象性。

视频的信息量非常大,数字视频要使用一定的压缩方案进行压缩。压缩的目标是在尽可能保证视觉效果的前提下,减少视频数据量。不同的视频压缩方案使用不同的压缩编码算法,具有不同的压缩比和质量,从而形成多种视频格式。表 3-1 列出了常用的视频格式。

表 3-1　常用的视频格式

视频格式	扩展名	说　明
AVI	*.avi	标准的 Windows 视频格式,使用最广泛,通用性最好,几乎所有的视频编辑软件都能直接操作非压缩的 AVI 格式文件,缺点是压缩比较小
MPEG	*.mpg	运动画面及声音的一种压缩标准,将视频信号分段取样,然后对相邻各帧未变化的画面忽略不计,仅仅记录变化了的内容,因此压缩比很大,VCD 使用的就是 MPEG-1 图像压缩算法,DVD 则使用 MPEG-2 压缩算法
DAT	*.dat	此种格式的文件主要用于 VCD 光盘中,实际上是在 MPEG 文件头部加上了一些运行参数形成的变体,因此视频编辑软件通常把这种格式认为是 MPEG 格式,可使用 DAT2MPG 软件将其转换为更为通用的 MPEG 格式再进行处理
MOV	*.mov	苹果公司开发的 MAC 机专用视频格式,在 PC 机上也可使用,与 AVI 大体上属于同一级别(品质、压缩比等),在网络应用方面也相当常见

视频格式	扩展名	说　　明
RM	*.rm	由 RealNetworks 公司开发的流式视频文件格式,是目前 Internet 上跨平台的流式视频应用标准,特别适合带宽较小的网络用户使用,制作和播放需要使用专用的软件,视频质量较一般
WMV	*.wmv	WMV 是微软开发的流式视频格式,在质量、压缩和传输等方面有较好的表现,具有多种优点,如本地或网络回放、可扩充的媒体类型等
FLV	*.flv	FLV 是 FlashVideo 的简称,FLV 流媒体格式是一种新的视频格式。由于它形成的文件极小、加载速度极快,使得网络观看视频文件成为可能,它的出现有效地解决了视频文件导入 Flash 后,使导出的 SWF 文件体积庞大,不能在网络上很好使用等缺点,目前各在线视频网站均采用此视频格式,如新浪播客、56、土豆、酷 6、YouTube 等,无一例外,FLV 已经成为当前视频文件的主流格式
MP4	*.mp4	MP4(MPEG-4)是一种常见的多媒体容器格式,属于 MPEG-4 的一部分。MP4 是一种描述较为全面的容器格式,被认为可以在其中嵌入任何形式的数据,各种编码的视频、音频等都不在话下。MP4 格式的官方文件后缀名是".mp4",其编码格式有 H.264、XviD、Divx 三种,不同的播放器及浏览器支持的编码格式不同,应首选 H.264 格式

总的来说,对微课程视频的发布格式,特别是网络应用应首选 FLV 或 MP4(H.264)格式。

3.2.1.2　宽高比

视频标准中的第 2 个重要参数是宽高比,可以用两个整数的比来表示,也可以用小数来表示,如 4∶3 或 1.33。电影、SDTV 和 HDTV 具有不同的宽高比,SDTV 的宽高比是 4∶3 或 1.33;HDTV 和扩展清晰度电视(EDTV)的宽高比是 16∶9 或 1.78;电影的宽高比从早期的 1.333 到宽银幕的 2.77。由于输入图像的宽高比不同,便出现了在某一宽高比屏幕上显示不同宽高比图像的问题。

3.2.1.3　NTSC、PAL

NTSC 和 PAL 属于全球两大主要的电视广播制式,由于系统投射颜色影像的频率而有所不同。NTSC 是 National Television System Committee 的缩写,其标准主要应用于日本、美国,加拿大、墨西哥等等;PAL 则是 Phase Alternating Line 的缩写,主要应用于中国、中国香港、中东地区和欧洲一带。

NTSC 和 PAL 归根到底只是两种不同的视频格式,其主要差别在于 NTSC 每秒是 60 场而 PAL 每秒是 50 场,由于现在的电视都采取隔行模式,所以 NTSC 每秒可以得到 30 个完整的视频帧,而 PAL 每秒可以得到 25 个完整的视频帧。这两种制式是不能互相兼容的,如果在 PAL 制式的电视上播放 NTSC 的影像,画面将变成黑白,NTSC 制式的也是一样。而作为视频拍摄工具的数码摄像机,也同样有制式的问题,比如我国使用 PAL 制式,在我国销售的数码摄像机都是 PAL 制式的,如果是 NTSC 制式的摄像机拍摄出来的图象不能在PAL 制式的电视机上正常播放。

NTSC 制式使用的分辨率是 720×480,约 34 万像素。NTSC 制式又称为恩制式,属于同时制,是美国在 1953 年 12 月首先研制成功的,并以美国国家电视系统委员会(National Television System Committee)的缩写命名。这种制式的色度信号调制特点为平衡正交调幅制,即包括了平衡调制和正交调制两种,解决了彩色电视和黑白电视广播相互兼容的问题,但是存在相位容易失真,色彩不太稳定的缺点。NTSC 制电视的供电频率为 60 Hz,场频为每秒 60 场,帧频为每秒 30 帧,扫描线为 525 行,图像信号带宽为 6.2 MHz。

PAL 制式和 NTSC 的分辨率也有所不同,PAL 制式使用的是 720×576,在分辨率上 PAL 稍稍占有优势。而 PAL 制式的画面解析度 720×576,约 40 万像素,也决定了 PAL 制式的数码摄像机的 CCD 大小应该为 40 万的倍数或者半倍数,比如 2 倍或者 1.5 倍,所以 PAL 制式数码摄像机都是 80 万,或者 107 万(接近 100 万,40 万的 2.5 倍)、155 万(接近 160 万,40 万的 4 倍)。而 NTSC 制式的数码摄像机一般为 68 万像素等。

由于制式的不同,一般数码摄像机厂商在发行数码摄像机的时候,都会发行两种数码摄像机:一种是 PAL 制式的,一种是 NTSC 制式的。

3.2.1.4 微课程视频的高清与标清格式

目前,视频格式大致可以分为标清(SD)和高清(HD)两类。DV 的画质标准就能满足标清格式的视频要求,一般 PAL DV 的图像尺寸为 720×576,而 NTSC DV 的图像尺寸为 720×480。所不同的是,PAL 制式每秒钟传输 25 帧图像,而 NTSL 制式每秒钟传输 29.97 帧(按 30 帧计算,每隔 10 秒掉 1 帧)。

高清(HD)格式比较复杂,图像垂直线数达到 1080 线为高清视频。由于高清图像的宽高比均应达到 16∶9,所以垂直 1080 线对应的水平宽度为 1920 线,也就是说标准的高清视频分辨率应该是 1920×1080 线,所以 1920×1080 线也叫全高清。但是需要注意的是,高清视频应该采用全帧传输,也就是逐行扫描。区别逐行还是隔行扫描的方式是看帧尺寸后面的字母。高清格式通常用垂直线数来代替图像的尺寸,比如 1080i 或者 720p,就表示垂直线数是 1080 或者 720。i 代表隔行扫描,p 代表逐行扫描。高清视频中还出现 i 帧,是为了向下兼容,向标清播放设备兼容。

介于高清(HD)和标清(SD)之间的视频帧尺寸,一般被称为小高清。比较有代表性的是 HDV。HDV 的帧尺寸为 1400×1080,采用隔行扫描的模式,或者逐行扫描模式,1280×720p。这种 HDV 是一种基于 MPEG-2 压缩的数据格式,通过 MPEG 压缩和减少了拍摄帧尺寸。HDV 播放时通过拉伸图像,使之成为 1920×1080。HDV 不是真正的高清,一是因为 HDV 是压缩图像,其记录的数据量与 DV 相同,二是原帧尺寸达不到 1920×1080,图像是通过拉伸的方式达到的。

3.2.2 微课程视频编辑软件介绍

视频编辑软件是对视频源进行非线性编辑的软件,属多媒体制作软件范畴。软件通过对前期拍摄或录制好的微课程视频进行剪辑并加入图片、背景音乐、特效、场景等素材与视频进行重混合,对视频源进行切割、合并,二次编码,生成具有不同表现力的微课程视频。微课程常用视频编辑软件分为线性编辑和非线性编辑两种。非线性编辑是先将采集到的素材以数字文件的格式存储在计算机内,然后用计算机编辑素材,组织特技,制作音效等。在计

微课程设计与制作教程

算机中进行的视频编辑软件都是非线性编辑，这些专门用于视频创作和编辑，将图像、动画和声音有机地结合成为视频文件。常用的微课程视频编辑软件有 Movie Maker、Adobe Premiere、会声会影（Corel Video Studio）等，下面分别进行介绍。

3.2.2.1 Movie Maker 软件介绍

Movie Maker（简称 WMM），是 Windows 的一个标准组件，其功能是将自己录制的视频素材，经过剪辑、配音等编辑加工，制作成富有艺术魅力的个人电影。它也可以将大量照片，进行巧妙的编排，配上背景音乐，还可以加上自己录制的解说词和一些精巧特技，加工制作成微课程。Movie Maker 最大的特点就是操作简单，使用方便。WMM 的主界面由菜单栏和工具栏、收藏区、素材区、监视区、任务区组成，如图 3-41 所示。

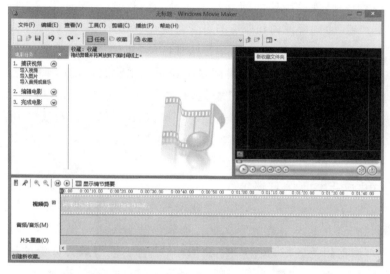

图 3-41　Windows Movie Maker 软件界面

通过"任务区"中"捕获视频"操作可以导入视频、导入图片及音频或音乐素材到素材区。在素材区选中一段视频剪辑或一幅照片，将其拖至操作区，该视频或照片就会出现在"视频线"上，成为电影中新加入的一个视频情节。同时，这一视频情节在监视区的播放器中同步显示出来。

操作区窗口具有 2 种显示方式。一种是情节视图方式。在此方式下，"视频线"中的所有视频情节，不分播放时间的长短，每一情节都占据相同大小的一格，各个情节均匀排列。用户选中一个情节，可以任意拖曳来改变它的位置及调整在电影中的播放顺序，也可以同时选中多个连续或间断的情节进行快速调整。第二种是时间视图方式。在情节视图方式下调整视频情节的顺序非常方便，但却不能调整每个视频情节的播放时间，也不能插入音频情节。这时，您可以单击操作区的"显示方式切换"按钮，即可切换为时间视图方式。在此方式下，"时间线"上将出现调整整部影片播放时间的剪裁点，单击"放大"和"缩小"按钮，即可调整已插入的全部视频情节的播放时间，使每个情节的播放时间按比例增加或减少。在"音乐"收藏夹中，将选定的音乐文件拖至操作区，该音频素材就会自动添加到"音频线"中，并根据该情节实际播放时间的长短，形成一个音频剪辑。音频剪辑加入操作区后，会自动与视频情节合二为一,无论是预览播放还是输出电影,它都会和视频情节自动合成。单击选中一个音频剪辑,"时间线"上就会出现它的剪辑点。如果音频情节占用的时间较长,拖动"结束剪辑"点,可以把它调整得与视频情节的时间一致,否则,如果整部电影的视频已经结束而音频尚未结束,WMM 就会继续合成,导致只有声音没有画面的情况发生。

背景音乐准备好后,就该录制自己的解说词了。单击"录制解说"按钮,打开"录制解说音轨"对话框,单击"录制"按钮,即可借助连在声卡上的麦克风录制自己的解说词。在录制解说词时,"音频线"上会显示一进度标记,它会随着录制过程的进行而移动。当进度标记移动至全部视频情节结束点,单击"停止"按钮,系统弹出"保存解说音轨声音文件"对话框,您可以在这里将音频文件以".wav"格式保存,并自动添加到"音频线"上。在录制时,应选中"视频音轨静音"复选项,使已经插入的音乐和 ASP、AVI、MPG 文件中包含的声音静音,形成独立的解说词声音,否则解说词和原有的声音会混在一起。

每个视频剪辑和音频剪辑调整好后,单击监视区的"播放"按钮,即可在播放器中查看该情节的播放效果,通过监视器右下角的时间显示还可以了解其准确的播放时间。如果对预览效果满意,单击工具栏上的"保存电影"按钮,在对话框中还可以输入电影标题、作者名字和说明文字等信息。上述操作完成后,单击"确定"按钮,在"另存为"对话框中输入保存的文件名和保存位置,单击"保存"按钮,系统弹出"保存电影"对话框,这表明 WMM 正在进行电影的合成。

3.2.2.2 Adobe Premiere 软件介绍

Adobe 公司的 Premiere 是功能强大的专业级视频处理软件,能对视频、声音、动画、图片和文本进行编辑加工,并最终生成电影文件。该软件适合专业人员使用,广泛应用于电视台、广告制作和电影剪辑等领域,成为 PC 和 MAC 平台上应用最为广泛的视频编辑软件。Premiere 提供了采集、剪辑、调色、美化音频、字幕添加、输出、DVD 刻录的一整套流程,并和其他 Adobe 软件高效集成,使您足以完成在编辑、制作、工作流上遇到的所有挑战,满足您创建高质量作品的要求。

Premiere Pro CS3 的工作界面如图 3-42 所示。

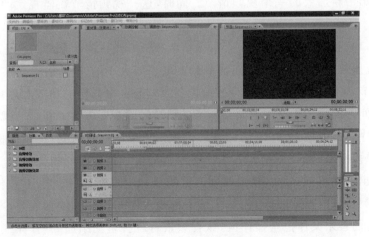

图 3-42 Premiere Pro CS3 的工作界面

Premiere Pro CS3 的窗口面板众多，各自担负着重要的使命。下面简要介绍 Premiere Pro CS3 的常用的窗口面板。

（1）项目窗口

项目窗口是一个素材文件的管理器，进行编辑操作之前，要先将需要的素材导入其中。Premiere 利用项目窗口来存放素材。将素材导入项目窗口中后，将会在其中显示文件的详细信息：名称、属性、大小、持续时间、文件路径以及备注等。选择项目窗口中的文件，将在窗口上方显示该文件略图和信息说明。项目窗口如图 3-43 所示。

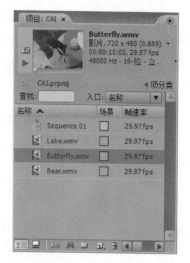

图 3-43　项目窗口

（2）监视器窗口

在 Premiere Pro CS3 中播放视频、音频素材和监控节目内容的工作是通过监视器窗口来完成的。可以在其中设置素材的入点、出点，改变静止图像的持续时间，设立标记等。监视器窗口如图 3-44 所示。

图 3-44　监视器窗口

（3）时间线窗口

用户可以在时间线窗口中组装和编辑影像，时间线窗口中包括一个编辑工具框。时间线窗口水平地显示时间，时间靠前的片段出现在左边，靠后的出现在右边，作品时间由时间线窗口顶部的时间标尺表示。时间线窗口是非线性编辑器的核心窗口，在时间线窗口中，从左到右以电影播放时的次序显示所有该电影中的素材，视频、音频素材中的大部分编辑合成工作和特技制作都是在该窗口中完成的，如图 3-45 所示。

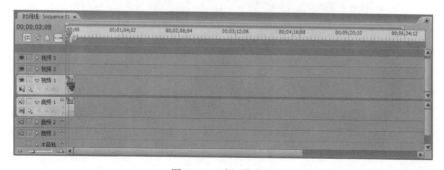

图 3-45　时间线窗口

微课程设计与制作教程

（4）音频控制台窗口

Premiere Pro CS3 中具有专业的音频处理能力。音频控制台窗口是 Premiere Pro CS3 中中新增的窗口,该窗口可以更加有效地调节节目的音频,可以实时混合各轨道的音频对象。用户可以在影片混合器窗口中选择相应的音频控制器进行调节,控制 Timeline 窗口对应轨道的音频对象。音频控制台窗口如图 3-46 所示。

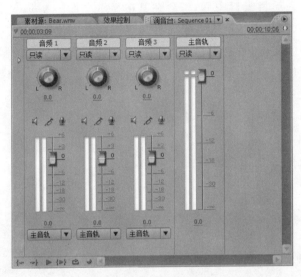

图 3-46　音频控制台窗

（5）字幕面板

在 Premiere 中,字幕制作有单独的系统。在字幕编辑中,可以制作出各种常用字幕类型,不但可以制作普通的文本字幕,还可以制作简单图形字幕。字幕窗口如图 3-47 所示。

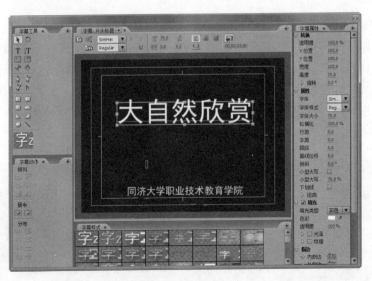

图 3-47　字幕窗口

字幕编辑窗口主要分为 5 个区域：

➤ 字幕工具区,字幕工具区中有 20 个工具按钮。

➤ 字幕动作区,提供了排列、居中、分布三栏工具,可以设置字幕或者图形的排列分布方式。

➤ 字幕编辑区,字幕编辑区由一个字幕预演窗口和上部的文本属性栏构成。

➤ 字幕样式区,用户输入完文字以后,可以在风格区选择字体样式。

➤ 字幕属性区,字幕属性区主要由 5 个部分组成,分别是:转换、属性、填充、描边、阴影。

图 3-48　"转换"、"属性"选项　　图 3-49　"填充"、"描边"和"阴影"选项

3.2.2.3　会声会影软件介绍

Corel 出品的编辑软件"会声会影"是完全针对家庭娱乐、个人视频制作之用的简便型视频编辑软件,容易上手,教师可以很快学会使用。比 Premiere 更容易使用,非常适合用于微课程视频编辑与制作。

会声会影英文名 Corel VideoStudio Pro,是一个功能强大的"视频编辑"软件,具有图像抓取和编修功能,可以抓取、转换 MV、DV、V8、TV,以及实时记录抓取画面文件,并提供有超过 100 多种的编制功能与效果,可导出多种常见的视频格式,甚至可以直接制作成 DVD 和 VCD 光盘。支持各类编码,包括音频和视频编码。是最简单好用的微课程影片编辑软件。

会声会影支持最新视频编辑技术,集创新编辑、高级效果、屏幕录制、交互式 Web 视频和各种光盘制作方法于一身。用户可以轻松地自制微课程视频,利用 HTML5 视频支持和增强的 DVD 及 Blue-ray 制作,随时随地实现共享。

（1）会声会影界面

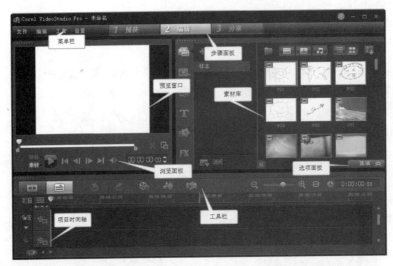

图 3-50　Corel VideoStudio Pro 软件界面

名称	说　　明
菜单栏	与其他软件相同,会声会影在菜单栏中提供了软件各项功能的执行命令,可以进行保存项目、打开项目、参数选择等常用操作
步骤面板	在步骤面板中,可以切换到不同的编辑步骤,会声会影会根据编辑步骤在主界面中显示出对应的工具
预览窗口	在预览窗口不但可以查看素材或影片的效果,捕获视频时还可以作为摄像机的监视器使用
预览面板	预览面板中提供了一系列设置工具,既可以控制预览窗口的播放,也可以对素材进行标记和修剪操作
素材库	素材库中保存了创建影片所需的所有类型的素材,为便于管理,这些素材被放置在不同的素材库中
工具栏	工具栏分为两个部分,一部分工具用于切换和调整项目时间轴,另一部分的工具用于开启会声会影的功能组件
项目时间轴	项目时间轴用于显示组成影片的各种素材,也可以在项目时间轴中对素材进行各种编辑操作
选项面板	在项目时间轴中选取一个素材后,就可以打开选项面板,在选项面板中对素材的等各种参数进行设置

（2）播放器面板

　　会声会影的主界面主要由播放器面板、素材库面板和时间轴面板三大区域构成,本小节主要介绍播放器面板提供的工具及其作用。

播放器面板提供一些用于回放和精确修整素材的按钮。使用播放控制可以移动所选素材或项目。使用修整标记和擦洗器可以编辑素材。

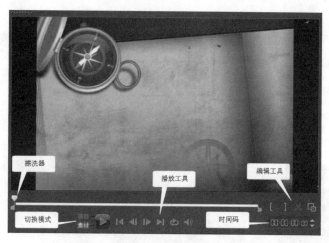

图 3-51　播放器界面

名　　称	说　　明
擦洗器	每个素材都有时间长度,可以在项目或素材之间拖曳,以选择素材或项目的时间
修整标记	可以拖动设置项目的预览范围或修整素材
项目/素材模式	指定预览整个项目或只预览所选素材
播放	播放、暂停或恢复当前项目或所选素材
起始	返回起始片段或提示
上一帧	移动到上一帧
下一帧	移动到下一帧
结束	移动到结束片段或提示
重复	循环回放
系统音量	可以通过拖动滑动条调整计算机扬声器的音量
时间码	通过指定确切的时间码,可以直接跳到项目或所选素材的某个部分
放大预览窗口	增大"预览窗口"的大小
分割素材	分割所选素材,将滑轨放在想要分割素材的位置,然后单击此按钮
[ ]开始标记/结束标记	在项目中设置预览范围或设置素材修整的开始和结束点

（3）素材库面板

素材库中存储了制作影片所需的全部内容：视频素材、照片、即时项目模板、转场、标题、滤镜、色彩素材和音频文件。

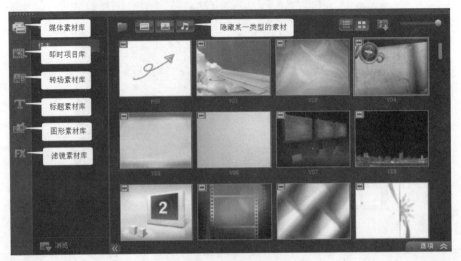

图 3-52　素材库面板

名称	说　明
媒体素材库	媒体素材库用于存放视频、图像和音频文件三种类型的素材，素材库中的缩略图实际上只包括素材的路径信息
即时项目库	即时项目库存放了会声会影提供的大量的即时项目模板，可以快速使用即时项目模板进行视频创建
转场素材库	转场素材库存放了会声会影提供的所有转场，如果有第三方厂商提供的转场，安装后也会显示在这里
标题素材库	标题素材库中存放了会声会影提供的标题模板，也可以将自己制作好的标题添加到标题素材库中保存起来
图形素材库	图形素材库中包括四种类型的素材：色彩是单色的背景素材，边框和对象都是带有透明信息的图像，Flash 动画，透明背景的矢量动画
滤镜素材库	滤镜素材库用于存放会声会影提供的滤镜效果

（4）工具栏及时间轴面板

工具栏可提供对许多编辑命令的快速访问。可以更改项目视图、在时间轴上放大和缩小视图以及启动不同工具进行有效的编辑。时间轴是组合视频项目中的媒体素材的位置。时间轴中有两种视图显示类型：故事板视图和时间轴视图。故事板中的每个缩略图都代表一张照片、一个视频素材或一个转场。缩略图是按其在项目中的位置显示的，可以拖动缩略图重新进行排列。每个素材的区间都显示在各缩略图的底部。时间轴视图为影片项目中的元素提供最全面的显示。它按视频、覆叠、标题、声音和音乐将项目分成不同的轨道。

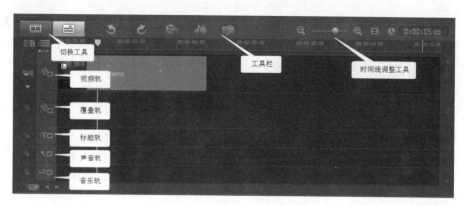

图 3-53　工具栏及时间轴面板

名称	说明
故事板视图	按时间顺序显示媒体缩略图
时间轴视图	允许在不同的轨中对素材执行精确到帧的编辑操作,添加和定位其他元素,如标题、覆叠、画外音和音乐
录制/捕获选项	显示"录制/捕获选项"面板,该面板可执行捕获视频、导入文件、录制画外音和抓拍快照等所有操作
混音器	启动"环绕混音"和多音轨的"音频时间轴",自定义音频设置
自动音乐	启动"自动音乐选项面板"为项目添加各种风格和基调的 Smartsound 背景音乐,可以根据项目的持续时间设置音乐长度
缩放控件	通过使用缩放滑动条和按钮可以调整"项目时间轴"的视图
将项目调到时间轴窗口大小	将项目视图调到适合于整个"时间轴"跨度
视频轨	视频轨是放置视频或图像素材的轨道,软件支持的视频或图像都可以在视频轨中进行编辑
覆叠轨	覆叠轨上的素材会叠加在视频轨素材的上方,用于制作各种视觉特效
标题轨	标题轨是用于放置文字标题素材的轨道,利用标题轨可以为影片制作标题和字幕
音乐轨	音乐轨和声音轨都可以放置音频素材,为了便于区分,通常将背景音乐放置到音乐轨道中
声音轨	声音轨通常用于放置人物旁白和配音类的音频素材

　　综合比较各种可用于微课程视频编辑的软件后可以发现,Movie Maker 软件功能过于简单,对字幕及复杂视频的编辑支持较弱,适用于制作简单的微课程视频;Adobe Premier Pro

软件界面过于复杂,难以上手,特别是普通教师很难独立制作出效果精美的微课程视频;会声会影软件介于二者中间,易于上手,功能强大,故本书后续内容涉及微课程视频编辑软件的操作全部选用会声会影软件进行讲解。

3.2.3 视频剪辑技术

视频剪辑是把不用的部分剪去,把要用的部分连接起来的操作技术。在会声会影中提供了便捷的视频剪辑操作方法,操作如下。

① 在素材库面板点击"媒体",选择"添加"操作,建立一个"微课程视频"文件夹,单击"导入媒体"按钮,选择"第3章"文件夹中"微课程视频教程01.MTS"的媒体文件,导入到素材库,如图3-54所示。

图 3-54　导入视频素材

② 用鼠标单击素材库中导入的视频素材,按住鼠标左键将其拖入到时间轴"视频轨"上,松开鼠标,如图3-55所示。

图 3-55　导入时间轴的视频素材

③ 点击播放面板中的播放按钮,该视频片头有一段没有说话的要切掉。在时间轴上将鼠标移动到00:00:02:19的位置,单击播放面板右侧的"分割素材"按钮,这样就将时间轴上的素材分割成了两段。点击左面的一段,按键盘上的删除键,删掉多余的部分,如图3-56所示。

图 3-56　分割好片头的素材

④ 在剩余的一段视频上继续拖动时间指针到 00:00:13:05 的位置,单击播放面板右侧的"分割素材"按钮,这样就将时间轴上的素材分又分割成了两段,点击右面的一段,按键盘上的删除键,删除多余的部分,如图 3-57 所示。

图 3-57　分割好片尾的素材

使用以上办法,可以对一段录制好的微课程按照时间顺序进行视频素材的选取与切割,将有用的内容留下,将冗余的视频部分删掉。会声会影同时也提供了多重修整视频功能,可以同时进行多次的分割和修整操作,在时间定位分割区间时也更加准确。操作方法如下:

① 用鼠标单击素材库中"微课程视频教程 01"的媒体文件拖入到时间轴"视频轨"上,松开鼠标,如图 3-58 所示。

图 3-58　导入时间轴的视频素材

② 双击时间轴上的视频素材打开选项面板,点击"多重修整视频"按钮,如 3-59 所示。

图 3-59　选项面板的"多重修整视频"按钮

③ 在弹出的"多重修整视频"对话框中拖动"擦洗器",使用"开始标记"和"结束标记"按钮设置视频的范围,如 3-60 所示。

④ 继续利用"擦洗器"和标记按钮设置下一段视频的范围,单击"确定"按钮完成多重视频分割及修整工作,如图 3-61 所示。

图 3-60 选项面板的"多重修整视频"按钮

图 3-61 多次进行视频分割及修整操作

⑤ 在项目时间轴中可以看到视频被分割为两个部分,而且视频中没有被标记的部分会被切割掉,如图 3-62 所示。

图 3-62 多重视频修整完成后的效果

比较以上两种视频修整方法，如果要多次截取一个素材中的多个片段，使用多重修整视频素材功能会更有效率。

3.2.4　视频字幕技术

标题是指微课程的题目或名字，通常用于微课程的开头，用于点明微课程的内容或主题。微课程中的字幕指的是旁白、译文、附加说明、演员表等解释性文字。标题和字幕既可以直观地向观众传达信息，又能起到深化画面主题的作用，是微课程视频中的重要元素。

3.2.4.1　添加标题片头

在会声会影软件中添加标题片头的操作如下：

① 添加片头标题文字"微课程制作教程"。点击素材库面板中的"图形素材库"，在下拉列表中选择"色彩"类别，在彩色类别中选择"黑色"图形，并用鼠标拖拽至视频轨的最前端，原有视频轨上的视频剪辑会自动向时间轴右侧移动，如图 3-63 所示。

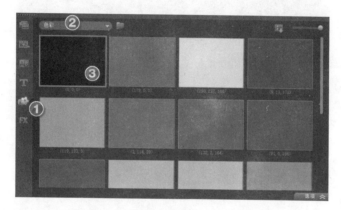

图 3-63　选择图形素材库中的黑色图片

② 点击素材库面板中的"标题素材库"，在标题素材中选择图示类型，如图 3-64 所示，将其并用鼠标拖拽至"标题轨"的最左端。

图 3-64　选择合适的标题形式

③ 将时间轴面板上时间轨的黑色图片持续时间调整到与标题轨上标题的持续时间相同，都设置为 3 秒钟，也可以分别双击视频素材，在选项面板中进行手动输入调整视频区间，

调整好的时间轴面板如图 3-65 所示。

图 3-65　调整好的标题

④ 此时的片头标题效果为淡入淡出效果,共持续 3 秒钟,效果如图 3-66 所示。

图 3-66　标题片头预览

3.2.4.2　添加旁白字幕

对于微课程视频中除片头及片尾以外的文字内容,如教师的旁白,也可以使用标题素材库中提供的标题模板进行添加,操作如下:

① 点击素材库面板中的"标题素材库"按钮,可以看到播放窗口的视频出现了"双击这里可以添加标题",如图 3-67 所示。

图 3-67　点击素材库面板中的标题按钮

② 在播放窗口中双击鼠标左键，这时可以输入文字内容。本例选用字幕文件导入操作。点击选项面板中的"打开字幕文件"，如图 3-68 所示。

图 3-68　打开字幕文件操作

③ 在弹出的"打开"对话框中浏览"第 3 章"文件夹找到"字幕文件举例.utf"，设置字体为"微软雅黑"，字体大小为"30"，设置字体色彩为"白色"，光晕阴影为"黑色"，并设置导入字体到"标题 1"轨，设置好后点击"确定"按钮，如图 3-69 所示。

图 3-69　设置打开字幕文件对话框

④ 添加好的字幕在时间轴上如图 3-70 所示，这里还可以进行字幕文字与时间一致性的调整。

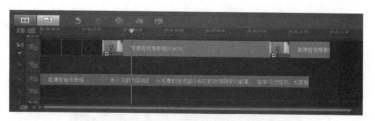

图 3-70　导入的字幕在时间轴上的效果

⑤ 播放添加好字幕的视频效果如图 3-71 所示。

图 3-71　字幕播放的效果

　　本例的字幕文件格式如图 3-72 所示,每段字幕由三部分构成,字幕序号、时间区间、字幕内容构成。可以按照视频情况自行进行编辑,编辑好后一定要存为 *. utf 格式。

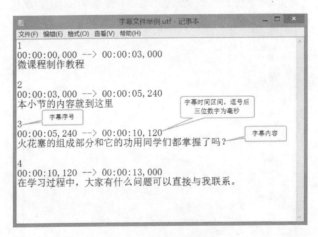

图 3-72　字幕文件格式

3.2.4.3　添加片尾滚动字幕

　　微课程视频中的片尾部分通常会有一些致谢或剧组人员名单,一般为从下到上的滚动模式,操作如下:

　　① 点击素材库面板中的"标题素材库",在标题素材中选择图示类型,如图 3-73 所示,将其用鼠标拖拽至"视频轨"的最右端。

图 3-73　选择滚动标题形式

② 双击插入的标题字幕,修改为如图 3-74 所示的文字内容。

图 3-74　片尾滚动字幕

3.2.5　视频特效技术

在微课程视频制作中经常会用到一些视频特效技术,最常用的是将 PPT 课件在类似演播大厅的电视上进行播出。本例用图 3-75 所示的虚拟演播大厅视频加上图 3-76 的 PPT 课件,采用会声会影提供的视频特效技术合成图 3-77 所示的效果精美的微课程视频。操作如下:

图 3-75　虚拟演播厅效果

图 3-76　PPT 课件效果

图 3-77　视频特效合成后效果

① 新建一个会声会影项目，将"第3章"文件夹中"虚拟演播室视频.wmv"添加到时间轴面板中的视频轨上，添加完的效果如图3-78所示。

图 3-78　添加演播厅视频到时间轴

② 用 PowerPoint 软件打开要合成的 PPT 课件，另存为图片格式，选取 *.jpg 格式，导出全部 PPT 页面，选择第一张图片导入到会声会影素材库面板，并用鼠标拖拽至"覆叠轨"，如图 3-79 所示。

图 3-79　添加 PPT 课件图片到时间轴

③ 点击覆叠轨上的 PPT 图片素材，可以看到播放面板中的 PPT 图片四周有 8 个黄色形状控制点，可以调整 PPT 的大小。四周还有四个绿色的稍小一些的变形控制点，用于将素材调整成三维形状，如图 3-80 所示。

图 3-80　PPT 图片素材变形控制点

④ 以此调整 4 个脚部的绿色变形控制点与演播厅视频素材中的电视屏幕吻合,如图 3-81所示。

图 3-81　PPT 图片素材变形控制点

3.2.6　视频抠像技术

"抠像"一词是从早期电视制作中得来的,英文称作"Key",意思是吸取画面中的某一种颜色作为透明色,将它从画面中抠去,从而使背景透出来,形成二层画面的叠加合成。这样在室内拍摄的人物经抠像后与各种景物叠加在一起,形成特殊的艺术效果。正是因为抠像的这种神奇功能,抠像成了微课程视频制作的常用技巧。如今的非线性编辑软件大都能做抠像特技,而且对背景的颜色要求也不十分严格。对拍摄较好的素材,如背景色较干净、单纯、均匀,抠像时先将背景素材调入视频轨,再将欲抠像的素材拖到覆叠轨道,选取色键(Chroma),并在颜色样本窗里选取要抠去的背景色,适当地调整参数即可一次抠去背景色,显露出欲合成的底层图像。

本例重点讲解如何使用会声会影进行视频抠像操作,使用图 3-82 所示的视频素材经抠像操作得到图 3-83 的微课程视频合成效果。

图 3-82　抠像原始素材

图 3-83　抠像后合成的微课程视频

本例操作如下：

①　新建一个会声会影项目，将"第 3 章"文件夹中"虚拟演播室视频. wmv"添加到"视频轨"，并把导出的 PPT 图片的前三张导入到"覆叠轨"，由于时间轴上默认只有一根"覆叠轨"，要抠像的素材也要单独占用一根"覆叠轨"，这时可以单击"轨道管理器"，添加一根"覆叠轨"，如图 3-84 所示。

图 3-84　添加一根覆叠轨

②　将要抠像的"第 3 章"文件夹中的"微课程视频教程 01. MTS"导入到新添加的"覆叠轨 2"，如图 3-85 所示。

③　将"覆叠轨 1"上的 PPT 图片使用绿色的变形控制点调整到虚拟演播厅素材的电视上，调整好一个后，可以在 PPT 图片上点击鼠标右键选择"复制属性"，选择第二张 PPT 图片，点击鼠标右键选择"粘贴所有属性"，可以快速地调整好覆叠轨 1 上的 PPT 图片的效果，如图 3-86 所示。

图 3-85　素材添加

图 3-86　将 PPT 图片调整好

图 3-87　抠像素材
　　　　　尺寸裁剪

④ 点击"覆叠轨 2"上的视频素材,抠像的效果是要将这个素材除人物外的背景全部去除,由于素材的绿色不是满背景拍摄,故首先对视频进行裁剪,使其变为图 3-87 所示,这样就可以准确地去除全部背景。

⑤ 点击素材库面板的"滤镜素材库",选择"修剪"滤镜,将"修剪"滤镜用鼠标拖拽至"覆叠轨 2"上的素材,如图 3-88 所示。

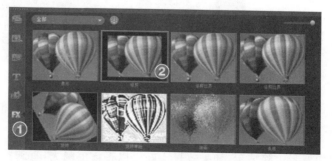

图 3-88　选择"修剪"滤镜

微课程设计与制作教程

⑥ 双击"覆叠轨2"上的素材,在"属性"面板中选择"自定义滤镜",弹出滤镜设置对话框,如图 3-89 所示。

图 3-89　选择自定义滤镜

⑦ 在"修剪"滤镜对话框中首先点击最左侧的关键帧,将宽度比例设为"30％"、高度比例设为"100％",并将虚线框移动到人物的合适位置,勾选"静止"选项。点击最右侧的关键帧,将宽度比例设为"30％"、高度比例设为"100％",并点击"播放"按钮预览效果,如图 3-90 所示,设置完毕点击"确定"。

图 3-90　"修剪"滤镜参数设置

⑧ 点击"确定"按钮后,播放器面板预览的效果如图 3-91 所示,至此为抠像做好了准备。

图 3-91　修剪滤镜效果

⑨ 双击"覆叠轨2"上的素材,在"属性"面板中选择"遮罩和色度键",如图 3-92 所示。

⑩ 勾选"应用覆叠选项",在类型中选择"色度键",将相似度数值设为"55",观察播放面板窗口中背景去除情况,如果效果不好可以将该值调大,直到背景被去除,如图 3-93 所示。

图 3-92　选择自定义滤镜

图 3-93　选择自定义滤镜

⑪ 完成"覆叠轨 2"素材的抠像操作,最后合成的效果如图 3-94 所示。

图 3-94　抠像合成后微课程视频

3.2.7　视频格式转换

　　视频格式转换是指通过一些软件,将视频的格式互相转化,使其达到用户的需求。对微课程视频的发布格式,特别是网络应用应首选 FLV 或 MP4(H.264)格式,但我们得到的微课程视频源格式通常不是 FLV 或者 MP4 格式,或者即使是 MP4 格式,但视频编码也可能是 Divx 格式,也需要转换为 H.264 格式。有时将视频进行格式转换也是为了减少视频文件的大小与尺寸,如将 MPEG‒2 格式转换为 FLV 或者 MP4 等,转换后文件大小会显著减少,甚至为源文件的几十分之一。

　　常用的视频转换格式软件很多,比较流行的有视频转换大师、Wondershare Video Converter Ultimate 及格式工厂(FormatFactory)等,这里介绍使用格式工厂进行视频格式转换。格式工厂是一款多功能的多媒体格式转换软件,适用于 Windows。可以实现大多数视频、音频以及图像不同格式之间的相互转换。转换可以具有设置文件输出配置,增添数字水印等功能。

　　格式工厂可将所有类型视频转换为 MP4、3GP、MPG、AVI、WMV、FLV、SWF、RMVB(rmvb 需要安装 Realplayer 或相关的译码器)等常用格式(包括开放格式),所有类型音频转换为 MP3、WMA、AMR、OGG、AAC、WAV 等常用格式（包括开放格式），所有类型图像转换为 JPG、BMP、PNG、TIF、ICO、GIF、TGA 等格式（包括开放格式），转换过程中可修复某些损坏的视频，可进行媒体文件压缩，可提供视频的裁剪，支持 iPhone、iPod、PSP 等媒体定制格式，转换图像档案支持缩放、旋转、数码水印等功能、支持从 DVD 复制视频，支持从 CD 复制音乐，支持 60 种国家语言。

格式工厂软件启动后的界面如图 3-95 所示。

图 3-95　格式工厂软件主界面

本例将把 FLV 格式转换为 MP4（H.264）格式，转换方法如下：

① 选择你要转换成的格式，本例选择图 3-95 所示界面"视频"栏的 MP4 格式，弹出 MP4 格式转换设置参数，如图 3-96 所示。

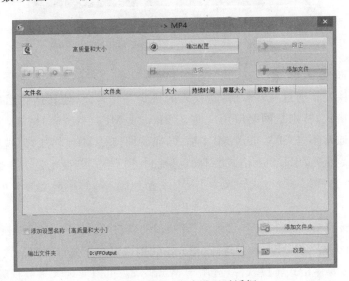

图 3-96　MP4　格式设置对话框

② 点击"添加文件"按钮，选择要转换的 FLV 格式的原始视频文件，点击"确定"，添加后的对话框如图 3-97 所示。也可以一次添加多个文件进行批量转换。从图 3-97 中可以看到

转换前原始文件的大小、持续时间及视频尺寸,本例视频尺寸为 640×360,从尺寸可以得知视频原始画面比例为 16:9。

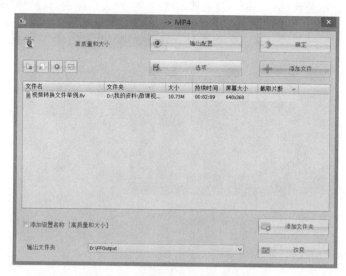

图 3-97　添加转换文件后的对话框

③ 接下来点击"输出配置"按钮,弹出图 3-98 所示的"视频配置"对话框,在"预设配置"中可以快速选择输出视频的质量为高质量还是其他质量,本例选择"中质量和大小"。在下面的参数栏可以进行详细的设置,如果您对视频格式的参数不是非常了解,一般选择默认参数即可,本例修改 MP4 输出格式的"视频编码"为 AVC(H.264)格式,将"屏幕大小"、"比特率"、"每秒帧数"、"宽高比"设为"缺省"或者"自动",点击"确定",完成视频输出格式的设置。

图 3-98　添加转换文件后的对话框

④ 如果还需要对原始视频进行片段截取，如去掉片头及片尾等，可以点击"选项"按钮，在弹出的选项对话框中输入"开始时间"及"结束时间"，如图 3-99 所示。时间格式中的前两个 00 表示小时，第二对 00 表示分钟，第三对 00 表示秒，最后一对 00 表示帧数。设置完毕后点击"确定"。

图 3-99 添加转换文件后的对话框

⑤ 各输出参数设置完毕后点击"确定"，回到主界面，点击"开始"进行视频格式转换，就可以完成 FLV 格式转换成 MP4 格式的操作了。

3.3 微课程制作必备屏幕录制软件技术

在制作 PPT 演示型微课程及可汗学院型微课程时，特别是要录制屏幕上教学演示或者 PPT 时，经常需要将教学过程的操作步骤及鼠标的移动轨迹、点击及教师的语音讲解等通过电脑屏幕抓录下来，制作成图文音并茂的多媒体视频或动画文件。使用屏幕录制软件，可将复杂的技能操作，通过教师的直接操作演示录制下来，改变教学内容的呈现方式，减少制作微课程的工作量。屏幕录制软件不但能实时捕捉屏幕音视频，一般还兼有后期编辑功能，可加入语言注释和进行后期配音，从视听等多重方面激发学生的学习。屏幕录制软件可将录制的音视频素材保存为多种格式，可放于网络教学资源网，便于传输和共享，方便师生的教与学。

3.3.1 常用屏幕录制软件介绍

不同的屏幕录制软件功能各异，方便实用，有些可从网络免费获取，有些需要注册购买。笔者推荐以下常用的几种屏幕录制软件。

3.3.1.1 Camtasia Studio 软件

Camtasia Studio 是由 TechSmith 开发的一款功能强大的屏幕动作录制工具，能在任何颜色模式下轻松地记录屏幕动作（屏幕与摄像头），包括影像、音效、鼠标移动轨迹、解说声音等。TechSmith 有一套世界一流的屏幕录制技术 TSCC 压缩编码算法，即 TechSmith Screen Capture Codec，专门用于对动态影像的编码。

Camtasia Studio 中内置的录制工具 Camtasia Recorder 可以灵活地录制屏幕:录制全屏区域或自定义屏幕区域,支持声音和摄像头同步,录制后的视频可直接输出为常规视频文件或导入到 Camtasia Studio 中剪辑输出。

Camtasia Studio 具有强大的视频播放和视频编辑功能,可以说有强大的后期处理能力,可在录制屏幕后,基于时间轴对视频片段进行各类剪辑操作,如添加各类标注、媒体库、Zoom-n-Pan、画中画、字幕特效、转场效果、旁白、标题剪辑等,当然也可以导入现有视频进行编辑操作,包括 AVI、MP4、MPG、MPEG、WMV、MOV、SWF 等文件格式。编辑完成后,可将录制的视频输出为最终视频文件,它支持的输出格式也很全面,包括 MP4、WMV、AVI、M4V、MP3、GIF等,并能灵活自定义输出配置,其中 MP4 格式是为 Flash 和 HTML5 播放优化过的。

Camtasia Studio 8.x 是一个重大版本升级,Camtasia Studio 朝着高品质的方向迈进,包括屏幕高清录制、更专业的视频编辑、更准确的视频输出等,尤其 TSCC 编解码器升级为 TechSmith Screen Codec 2,能够录制高质量的平滑视频,重构的时间轴能够添加任意多的多媒体轨道,帮助你更快地剪辑视频。

图 3-100　Camtasia Studio 8.2 软件介绍

3.3.1.2　屏幕录像专家软件

"屏幕录像专家"是一款专业的屏幕录像制作工具软件。其初始运行界面虽然复杂,设置项较多,但较为直观,比较容易上手,且功能较为完备。它不但可对生成的影像文件进行编辑或对多个文件进行合成,还提供后期配音功能。同时能生成 AVI 和 EXE 两种格式的文件,其中EXE 可执行文件可转化成 ASF 和 SWF 格式。此外,生成的文件大小适中,录制图像的连贯性好,能长时间录像并保证音视频同步,在录制软件操作教程、长时间网络课件、网络电视节目、电影片段等方面得到广泛应用。屏幕录制前,需要对录制进行基本的设置。设置内容包括基本设置、录制目标设置、声音设置、快捷键设置。对于录制完成的文件,可以对其进行文件的截取、合成、转换、压缩等编辑处理,可通过麦克风现场录音或导入外部声音文件两种方式进行后期配音。不过导入的音频格式只能是 WAV 格式,若要导入其他格式的文件(如 MP3 格式),可通过其他音频编辑处理软件(如 Cool Edit Pro)或格式工厂软件将文件转换为 WAV 格式后再导入。

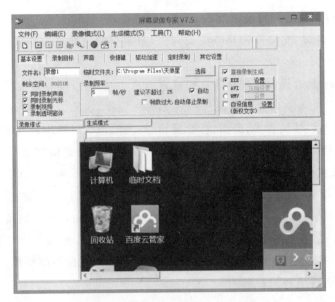

图 3-101　屏幕录像专家软件主界面

3.3.1.3　Adobe Captivate 软件

Adobe Captivate 是一款屏幕录制软件。该软件的突出特点是可以使不具有编程知识或多媒体操作技能的使用者能够快速地创建功能强大、效果逼真的仿真、软件演示、基于场景的培训和测验,大大降低制作交互内容的成本。通过简单的操作,Adobe Captivate 可创建基于 Flash 的仿真或演示,使用文本字幕、可编辑的鼠标移动和突出显示来完成。无需任何编程或脚本编写,就可以包含具有计分和分支的测验、具有多个正确答案选项的文本输入字段、复选框、键盘快捷方式和按钮。或者在捕获完成后通过点击添加特定交互,并在捕获期间或捕获之后录制音频解说以增强自主化学习体验。Adobe Captivate 还可导入微软 PowerPoint 演示文稿,并能将其转换成 Flash 格式。使用 Adobe Captivate 还可创建屏幕录像的模板,由此可统一同系列影片的整体设计和技术,保持风格一致。同时也确保视频录像的质量,避免重复劳动,提高工作效率。

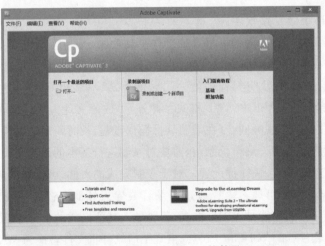

图 3-102　Adobe Captivate 软件界面

微课程设计与制作教程

3.3.1.4 WebEx Recorder

WebEx Recorder 是全球最大的网络会议服务提供商 WebEx 提供的一款屏幕录制软件,该软件录制效率高,稳定性好,界面简洁,容易上手,非常方便用户学习和使用。此外,它还以较高的压缩率,实现基于宽带、窄带互联网和内部局域网的传输。

WebEx Recorder 可以单独录制某个应用程序或文件,也可录制整个桌面。定好录制内容并保存文件后,会弹出"录制器面板",单击"录制"按钮开始录制。在录制过程中,可以点击"插入标记"按钮插入标记,以便在播放时快速导航。WebEx Recorder 的内置转换器可将录制的动画文件转成 WMV 格式文件,使录制文件很容易编辑。此外,还可以通过下载专门的 WebEx 编辑器对录制的文件进行后期处理。

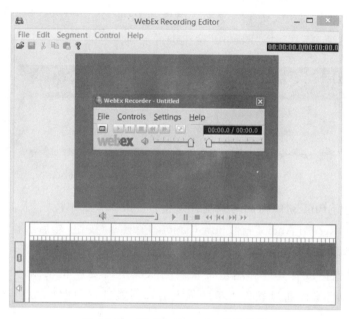

图 3-103　WebEx Recorder 软件界面

另外还有 HyperCam、ViewletCam、Wink、屏幕录像机等几款屏幕录制软件,尽管其界面功能各异,但各具特色。在使用过程中,需根据自身使用习惯和具体的教学目标,选择一款适合的软件,制作出优秀的多媒体演示型课件,从而实现更好的教学效果。

3.3.2　使用 Camtasia Studio 软件录制 PPT 操作

以 Camtasia Studio 8.2 版本为例,讲解如何录制。在正确安装该软件后会在 PowerPoint 软件的"加载项"菜单中生成一个工具栏。如图 3-104 所示。

图 3-104　PowerPoint 加载项中 Camtasia Studio 软件工具栏

图 3-104 中各图标的功能如下:

 点击启动录制 PowerPoint 操作

录制幻灯时同时录制麦克风的音频

录制幻灯时同时录制摄像头的视频

微课程设计与制作教程

录制幻灯时同时录制摄像头的视频,录制时在幻灯片上出现视频

录制前设置录制的各种参数,包括记录鼠标轨迹、视频及音频格式、音频源、摄像机设置及各种快捷键

打开帮助信息

本例演示如何使用 Camtasia Studio 软件录制 PPT 型微课程。操作步骤如下:

① 录制 PowerPoint 演示有两种启动方法,一种是先启动 PowerPoint 软件,打开要录制的 PowerPoint 文件,点击"加载项"菜单选择"Record"录制按钮,此时会自动启动 PPT 的播放。

也可以先启动 Camtasia Studio 软件,选择"Record the screen"录制屏幕中的"Record PowerPoint"选项,如图 3-105 所示。点击后会启动 PowerPoint 软件,打开你要录制的 PPT 文件,然后在"加载项"菜单选择"Record"按钮进行录制。

图 3-105　从 Camtasia Studio 软件启动 PowerPoint

② 为了在进行 PPT 讲解时同时录制音频及通过摄像头录制视频,需要在图 3-104 加载项工具栏中点击"Record Audio"及"Show Camera Preview"按钮,然后选择"Record"操作,此时 PPT 进入播放状态,点击图 3-106 所示的"Click to begin recording"开始录制。如果录制 PPT 时出现讲解错误或者其他影响正常录制的状况不需要停止录制,只要重新再说一遍即可,在录制完毕后可以通过软件所带的强大剪辑功能进行后期加工。

图 3-106　Camtasia Studio 开始录制工具栏

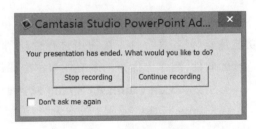

图 3-107　停止录制对话框

③ 停止录制时按下键盘上的"ESC"键结束录制,弹出如图 3-107 所示的对话框,点击"Stop recording"按钮停止录制。

④ 在弹出的对话框中选择路径进行存储,录制的文件的扩展名是 *.camrec,如图 3-108 所示。

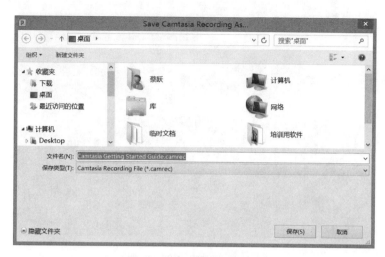

图 3-108　保存录制对话框

⑤ 点击"保存"按钮，弹出如图 3-109 所示的对话框，此时可以选择是直接发布录制的视频还是启动 Camtasia Studio 软件进行后期编辑，本例选择"Edit your recording"对录制的视频进行二次编辑，如对录制的视频进行选取，添加片头、片尾、字幕及特效等。

图 3-109　发布或编辑录制视频选择对话框

3.3.3　使用 Camtasia Studio 软件录制屏幕操作

本例讲解使用 Camtasia Studio 软件录制屏幕区域，操作如下。

① 启动 Camtasia Studio 软件，弹出软件"欢迎界面"，如图 3-110 所示。

② 在"欢迎界面"中选择"Record the screen"，弹出"录制操作选项"设置界面，如图 3-111 所示。这里可以选择"录取区域"、"录制摄像头是否开启"、"声音录制开关"及"录制音量调整"操作。点击"Custom"按钮弹出录制区域选择对话框，如图 3-112 所示，可以选择一些常用的录制尺寸，如宽屏还是标准屏等，本例选择锁定到应用程序"Lock to application"进行录制。

微课程设计与制作教程

图 3-110　Camtasia Studio 欢迎界面

图 3-111　Camtasia Studio 录制操作选项界面

图 3-112　录制区域选择

③ 选择要录制的程序,选定后会看到在应用程序窗口边缘有一圈封闭的绿色虚线,虚线的区域就是录制的区域,如图 3-113 所示。

图 3-113　锁定到要录制的应用程序

④ 点击红色"rec"圆形按钮开始录制，录制完毕后按键盘上的"F10"结束录制，录制过程中可以进行暂停"Pause"操作，如图 3-114 所示。

图 3-114　录制过程控制界面

⑤ 结束录制后自动弹出"Preview"窗口，如图 3-115 所示。点击右下角的"save and edit"进行保存并启动 Camtasia 软件进行后期编辑，也可以直接选择"Produce"进行录制视频的发布操作。

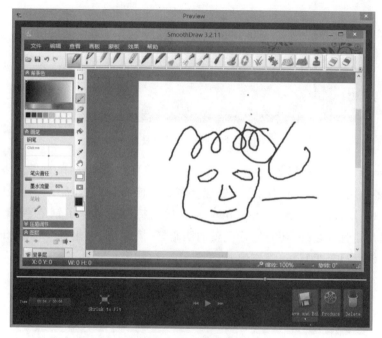

图 3-115　预览界面

3.4　微课程制作必备写字板软件

3.4.1　常用写字板软件介绍

在制作 PPT 演示型微课程或者是可汗学院型微课程时，非常重要的一点是我们要模拟在黑板或者白板上写字的操作，也就是教师的板书，或者是说明性文字的同步输入。为了实现文字或者板书的自由输入，必须配备一个写字板，如图 3-116 所示。

与写字板配合使用的自由绘图或者输入软件我们称之为写字板软件，通过软件可以将教学内容通过写字板软件

图 3-116　写字板

展现出来,常用的写字板软件包括 PowerPoint、Word、画图软件、绘画软件、几何画板、SmoothDraw 等,其他任何能反映教学过程的软件或操作界面都可以使用。

3.4.2　SmoothDraw 软件操作

本节以 SmoothDraw 的绘画软件为例,这是一款简单实用的绘画软件,大名鼎鼎的可汗学院微课程视频正是配合手写板和这款软件进行教学视频制作的。

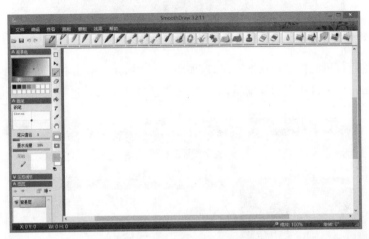

图 3-117　SmoothDraw 软件主界面

SmoothDraw 软件具有和 Painter 类似绘画质量的自然绘画软件,具备众多可调画笔、纸张材质模拟、多重线条平滑反走样、透明处理及多图层能力,支持压感绘图笔,以及图象调整和特效等,简单易用,即刻上手。SmoothDraw 软件支持的画笔除了钢笔、铅笔、粉笔、蜡笔、喷枪、毛刷、图片喷管等之外,还有照片调整的明暗笔、模糊笔、锐化笔。SmoothDraw 软件支持各种绘图板(数位板、手写板、数字笔)以及 TabletPC。

借助于手写板及 SmoothDraw 软件,完成如图 3-118 所示的项目,操作步骤如下:

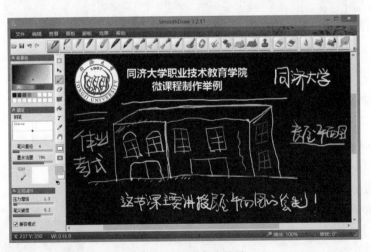

图 3-118　项目完成效果

① 连接好手写板,启动 SmoothDraw 软件,点击"画板"菜单中的"更改尺寸"子菜单,在弹出

的对话框中设置宽为 1024 像素,高为 576 像素,去掉"保持宽高比"选项,其他不变,将画板尺寸设置为 16∶9 的比例,如图 3-119 所示。一般不在"背景层"输入内容,,所以要新建一个图层。点击右下角"图层"选项中的"新建图层"选项,增加一个图层为"图层 1",如图 3-120 所示。

图 3-119　更改画板尺寸对话框

图 3-120　新建一个图层

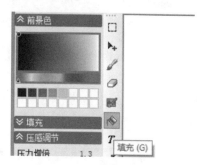

图 3-121　设置前景色

② 将"图层 1"背景设为黑色。在"前景色"工具面板设置前景色为黑色,选择"填充"工具,如图 3-121 所示。在绘图区白色区域单击鼠标左键,将图层设置为黑色。

③ 为图层添加图片。开发此类微课程时通常要引入一幅图片,对照图片进行讲解,并完成相应的"板书"。在图 3-120 所示的"图层"工具面板中选择"导入图层图像"菜单,选择"第 3 章"文件夹中"logo.png",导入后将图片用鼠标左键移动到左上角,如图 3-122 所示。

图 3-122　导入图像

④ 添加文字。单击左侧竖状工具栏上的"文本"工具,在"Input Text"栏中输入文字内容,并单击左侧"文本"工具面板中"T Font",设置字体为"微软雅黑",字形为"粗体",字号为"二号",如图 3-123 所示。将文字移动到合适的位置,然后再关闭"Input Text"栏,关闭后字体将不能再移动。

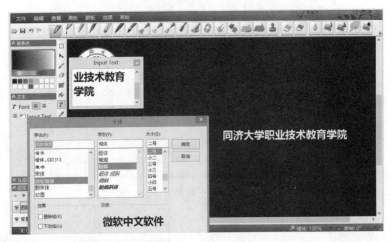

图 3-123　输入字体

⑤ 使用写字板进行板书。单击左侧竖状工具栏上的"画笔"工具,并选择水平工具栏上的"钢笔"工具,将左侧"画笔"工具面板中的"笔尖直径"设为"4",将"墨水流量"设为 79%,如图 3-124 所示。然后在绘图区进行自由绘制,如需更改画笔的颜色,可以直接点击前景色面板进行选择。

图 3-124　设置画笔

第4章 真人拍摄型微课程制作

4.1 真人拍摄型微课程制作项目描述

真人拍摄型微课程制作主要采用高清摄像机对整个教学过程进行高清标准的摄像。教师在演播室或者真实工作场景下以讲授某个知识点内容为主,可结合屏幕演示、板书、教学及实训用具等活动完成课堂教学。拍摄完毕后对视频进行专业化的后期制作,添加视频特效及字幕,结合与课程相关的背景资料进行必要的编辑和美化。真人拍摄型微课程可借鉴微电影拍摄模式,对课程内容进行情景剧设计策划,撰写脚本,选择导演、演员、场地进行拍摄,经过制片人后期视频剪辑制作,最终形成微课程。此类微课程中教师会全景出现并贯穿始终,是整个视频的主角。这类微课程的制作最为复杂,教师一般要多次尝试后才能胜任。

真人拍摄型微课程要求授课教师出镜讲解,授课教师对着平行机位的摄像机镜头讲授,这一方式很容易抓住学习者的注意力,形成一对一授课的亲切感觉。多数微课程都可以采取这样的形式,特别是那些不需要多少推导过程的课程。出镜讲解可以直接站在黑板、白板、演播室的蓝布或绿布前(后期进行抠像处理),然后再把幻灯片的授课内容加到视频当中。

真人拍摄型微课程是一种实景授课模式,是对传统课堂的一个极大的补充。没有了教室这样的空间限制,理论上可以到任何理想的场所进行授课。例如,我们需要讲解相关实验,就可以到实验室中边实验边讲解,需要讲解名家名画,就可以到博物馆实景地进行讲解,还可以到工厂车间、金融交易市场等地方进行讲解,让学习者一边感受实地氛围,一边更好地掌握知识。利用好实景授课,可以极大地发挥微课程授课的优势和魅力,达到更好的教学效果。

真人拍摄型微课程可以融入各种专题短片,以短片的形式快速地介绍背景资料,很容易将学生尽快地带入课程,集中注意力,便于对知识点的深入了解。还可以拍摄为访谈式教学,将访谈类电视节目的形式运用在微课程中,通过访谈的形式传递知识,可以让学习者接触到更多的知识空间,吸引学习者的注意力。这种形式更适用于人文艺术学科。

本章主要讲解真人拍摄型微课程的视频制作,本章制作完毕后的微课程视频如下:

图 4-1　微课程片头

图 4-2　微课程片头

图 4-3　微课程开篇

图 4-4　微课程开篇

微课程设计与制作教程

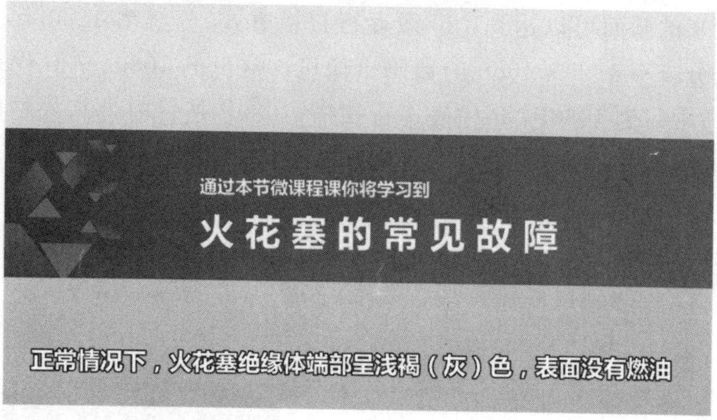

通过本节微课程课你将学习到

火花塞的常见故障

正常情况下，火花塞绝缘体端部呈浅褐（灰）色，表面没有燃油

图 4-5   微课程 PPT

火花塞常见故障

正常：

浅褐（灰）色

无燃油或机油沉积物

或机油沉积物的话，这就说明热值正确且能够点火正常。

图 4-6   微课程 PPT

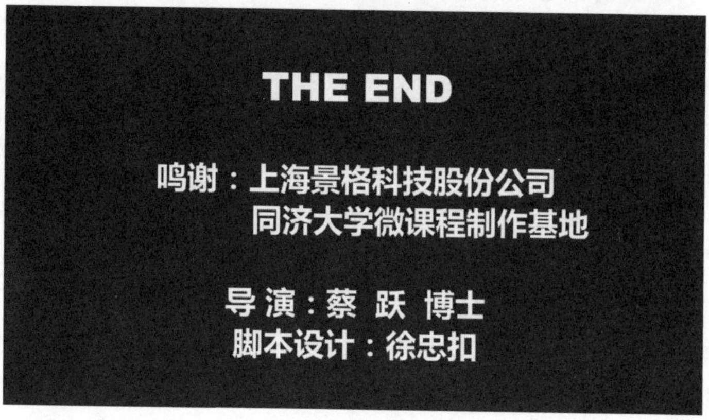

THE END

鸣谢：上海景格科技股份公司
　　　同济大学微课程制作基地

导演：蔡 跃 博士
脚本设计：徐忠扣

图 4-7   微课程片尾

4.2   真人拍摄型微课程视频制作要点

4.2.1   选择高清摄像机

真人拍摄型微课程视频制作设备应首选高清摄像机。高清摄像机，是指可以高质量、高

清晰影像,拍摄出来的画面可以达到 720 线逐行扫描方式、分辨率 1280×720,或到达 1080 线隔行扫描方式、分辨率 1920×1080 的数码摄像机。这里的 1080、720 代表垂直方向所能达到的分辨率。通常写为 1080P,P 代表逐行扫描,1080P 是目前最高规格的家用高清信号格式。从记录格式上区分,市场主流的高清摄像机大致有两类,一类是最早出来的 HDV,另一类是 AVCHD。前一类主要用磁带作为记录介质,视频编码是 MPEG-2,采集后的文件为 M2T 格式(或 MPEG 格式);后一种则有光盘、闪存、硬盘等多种记录介质,视频编码是 H.264,记录的文件格式为 MTS。

图 4-8　索尼(SONY)高清摄像机

图 4-9　松下(Panasonic)高清摄像机

4.2.2　摄像机拍摄技巧

4.2.2.1　固定摄影机拍摄

拍摄微课程时最好是用两只手来把持摄影机,这比单手要稳,还可以利用身边可支撑的物品或准备摄影机脚架,无论如何就是尽量减轻画面的晃动,最忌讳边走边拍的方式,这也是最容易犯的毛病,画面的稳定是动态摄影的第一要素。

拍摄稳定的微课程视频最简单办法是镜头对准目标后,做固定点的拍摄,而不做镜头的推近拉远动作或上下左右的扫摄,设定好画面的大小后开机录像。平常拍摄时以固定镜头为主,不需要做太多变焦动作,以免影响画面稳定性,画面的变化,也就是利用取景大小的不同或角度及位置的不同,对景物的大小及景深做变化。简单地说,就是拍摄全景时摄影机靠后一点,想拍其中某一部分时,摄影机就往前靠一点。位置的变换如侧面、高处、低处等不同的位置,其呈现的效果也就不同,画面也会更丰富。如果因为场地的因素无法靠近,当然也可以用变焦镜头将画面调整到想要的大小。

但是不要固定站在一个点上,利用变焦镜头推近拉远地不停拍摄。拍摄时多用固定镜头,可增加画面的稳定性,一个画面一个画面的拍摄,以大小不同的画面衔接,少用让画面忽大忽小的变焦拍摄,除非用三脚架固定,否则长距离地推近拉远,一定会造成画面的抖动。

保持画面的稳定是微课程摄像最基本的也是最重要的要求,不管是推、拉、摇、移、俯、仰、变焦等拍摄,总是要围绕着怎样维持画面的稳定展开工作。而影响画面稳定的主要因素来自于拍摄者的持机稳定。掌握正确的持机方法是每个摄像者必备的基本功,有了过硬的基本功才能在拍摄时得心应手,拍摄出高水平的影像作品来。

在站立拍摄时,用双手紧紧地托住摄像机,肩膀要放松,右肘紧靠体侧,将摄像机抬到比胸部稍微高一点的位置。左手托住摄录像机,帮助稳住摄录像机,采用舒适又稳定的姿势,确保摄录机稳定不动。双腿要自然分立,约与肩同宽,脚尖稍微向外分开,站稳,保持身体平衡。

采用跪姿拍摄时,左膝着地,右肘顶在右腿膝盖部位,左手同样要扶住摄录机,可以获得最佳的稳定性。在拍摄现场也可以就地取材,借助桌子、椅子、树干、墙壁等固定物来支撑、稳定身体和机器。

持机的稳定性与机器的重量成正比。现在的DV机日趋小型化,用一只手就能轻松托起。就是因为它的小巧就有很多人简化了持机的要领。殊不知机器越小就越不利于持机稳定,即使在操作巴掌大的小型摄录像机时也一定要用双手支持。

保持持机稳定最好的方法是利用摄录像机三脚架,不但能有效地防止机器的抖动,保持画面的清晰稳定、无重影,而且在上下移摄与左右摇摄时也会运行平滑、过渡自然。还有一个好处,那就是可以利用控制摄像机的遥控器和控制云台的遥控器来完成拍摄的全部过程。

在固定场合长时间拍摄一定要使用三脚架,三脚架一定要选用坚固的,把它放在稳固、平坦的表面上,尽量远离地震源(如有汽车跑的公路、振动的机械)。如果有风,可以在三脚架上加佩重物以加大三脚架的稳定性,比如背包、石块等。

4.2.2.2 拍摄画面的构图

(1)保持画面的构图平衡

在每次按下录像键之前,我们都要环视微课程拍摄四周的环境,看看取景器中被拍摄的画面是否是自己所需要的,这就是在构图。摄像的构图规则跟静态摄影的构图规则十分类似,不但要注意主角的位置,而且还要研究整个画面的配置,保持画面的平衡性和画面中各物体要素之间的内在联系,调整构图对象之间的相对位置及大小,并确定各自在画面中的布局地位。

完美的构图,一般应做到下面两点:第一,画面整洁、流畅,避免杂乱的背景。杂乱的背景会分散观看者的注意力,降低可视度,弱化主体的地位。拍摄前应剔除画面中碍眼的杂物,或者换一个角度去拍摄,避免不相干的背景出现在画面上。第二,色彩平衡性良好,画面要有较强的层次感,确保主体能从全部背景中突显出来。如穿黑色衣服的人不要安排在深色背景下拍摄。

(2)摄像构图的一般规则

在拍摄前保持摄录机处于水平位置,这样拍摄出来的影像不会歪斜,可以建筑物、电线杆等与地面平行或垂直的物体为参照物,尽量让画面在观景器内保持平衡。

要尽可能接近目标,这样可以排除一些不相关的背景出现在画面上。但必须在主角四周预留一些空间,以防主角突然移动。要保证摄录像机与被拍摄的主角之间不会有人或有其他物体在移动。不要让一些不相干的人物一半在画面中,一半在画面外。如果拍摄的是无法控制的活动,那么,不可能确保所有构图都很完美。但是可以把拍摄主角安排在画面中的正确位置。同时把整个场景扫描一遍,把不要的景物排除在外。

构图时还要注意:运动中的物体不管多小都比静止的物体容易吸引眼睛的注意力,因此,注意不要让不必要的会分散观众注意力的运动中的物体出现在画面背景上。此外,一些抢眼的色彩也要注意,特别是红色、鲜黄色和深蓝色尤其会吸引眼睛的注意,画面中要避免出现跟主角没有关系但却会抢眼的色彩。

微课程拍摄时推行"三分之一"的构图原则。摄像实践表明,让重要的景物或人物正好位于画面三分之一处;而不是在正中央,这样的画面比较符合人的视觉审美习惯,甚至比主角在正中央的画面要有美感得多。一个完整画面被两根垂直和两根水平方向上的线都分成九等份,其中垂直线与水平线交会的4个点,这就是画面中最能讨好视觉的部分,可以把这个位置作为主体最重要的部分的中心。

人物位于画面中的三分之一处,面部正好处在左上角的两线的交点上,是符合"三分之一"构图原则的,并且背景也不杂乱,人物形象被很好地突出出来。

(3) 人物的摄像构图

拍摄人物时,不要给所拍的人物头顶留太多的空间。否则就会造成构图不平衡,缺乏美感。如果画面中人物身高不及画面的三分之一,观众就得集中目力仔细辨认,时间稍长就会感到乏味。记得应该把人物眼睛维持在画面上方三分之一的高度,如果面孔在这个高度以下,这个人看起来好像掉落在电视屏幕里。

进行人物的构图时还要注意不要去犯一些低级的错误,譬如电线杆突出在画面人物的头顶上,建筑物的水平面与画面人物的脖子等高,电线横在脖子上等。

拍摄画面一般有远景、中景、近景、特写等表现手法。如果以远景拍摄,人的全身都会出现在画面上。如果以中景、近景、特写手法去拍摄,这样就需要把被拍摄者的身体从下往上依次递增地从画面上裁掉一部分。那么请注意不要把人的膝盖、腰部和颈部作为裁身点,在这三点上裁出来的画面让人看起来是很别扭的。除非你进行的是脸部或身体某部位的特写,最好的裁身点应是腋下、腰部下面一点、膝盖上去一点。

4.2.2.3　摄像机摇摆的技巧

拍摄工作中,摇镜头是最常用的手法之一。当拍摄的场景过于宏大,如果用广角镜头不能把整个画面完全拍摄下来,那么就应该使用"摇摄"的拍摄方式。

摇摄分上下摇摄和左右摇摄,就是摄像机的位置不变,依靠变动摄像的角度去拍摄。摇摄的拍摄方法在以下两种情况下常被用到:一是当拍摄一个大场面或一幅风景画时,这种情况往往用在故事片段的开始,就像一段开场白,以此来介绍事件所发生的地点以及主角人物所处的位置和环境;二是用来追踪一个移动中的目标,比如一个正在高台跳水的运动员、楼上掉下来的东西或者是一辆奔跑的汽车等。

(1) 上下摇摄

用这种拍摄方法可以追踪拍摄上下移动的目标。如运动员的跳水动作,从运动员站在高台准备跳时作为起幅,把镜头推近,锁定目标,从起跳到入水,镜头随运动员的下落而同步下移。这样的场面最好使用近镜头去拍摄,如果运镜恰当,短短几秒,一气呵成,视觉冲击力很强。但是拍摄这样的目标是有难度的,关键是摇拍的速度不好掌握,移动构图有难度。

上下摇摄的方法还常常用来显示一些高得无法用一个整画面完整表现的景物,或是要表现某一景物的高大雄伟。这时可以站在一座高楼大厦前,先用平摄的方法拍摄楼的底座,再由下往上慢慢移动镜头直至高楼的顶端。小小的一组镜头把整座楼的景观纳入视线,使得高楼更显雄伟壮观。

（2）左右摇摄

以横向圆弧路线摇动摄像机，可以很好地拍摄宽广的全景或者是左右移动中的目标。左右摇摄的方法是：首先将身体面对摇镜头的终止方向上，使摄像机稳定，朝向摇摄的最后一点，然后身体转向摇镜头的开始方向并开始拍摄。身体慢慢地、均匀地向终止方向转动，直到完成整个摇摄过程。

以手持机摇摄时，身体一般不需要转动 90°，如超过 90°，人就会觉得不舒服，会对画面稳定不利。跟上下摇摄一样，用这种摇摄的方法来追踪拍摄左右移动的目标的关键是要掌握好摇镜头的速度，要跟拍摄目标的移动速度保持同步。

例如，我们拍摄一辆自左至右行使的汽车，首先要规划好汽车行驶的路线以及摇摄的起始和终止点；然后拿好摄像机身体朝向终止点站稳，逆时针转动上身至起始点等待目标的出现；目标一旦进入画面就开始拍摄，并随着汽车的移动而向右匀速转动上身。镜头始终对准行驶的汽车直到摇摄终止点，中间不能停顿。摇摄时要注意构图平衡，目标的行走空间要大于其多余空间。要想结束拍摄，可停止摇动追踪目标，镜头不动停止两三秒钟，让目标慢慢从画面上消失。

拍摄这样一组镜头要提前策划，在拍摄前要有一个准备的过程。要准备好姿势，等目标出现，而不能等目标进入要摇摄起始点了才抓起机器就拍。

（3）镜头要平稳

进行摇摄时，一定要平稳地移动摄像机的镜头。最好使用三脚架，这样有利于拍摄出稳定的画面。如果用手持机，其基本姿势是：首先将两脚分开约 50 公分站立，脚尖稍微朝外成八字形，再摇动腰部（注意不是头部，更不是膝部）。这样可以使得摇摄的动作进行得更为平稳。

不管是上下摇摄还是左右摇摄，动作应该做得平稳滑顺，画面流畅，中间无停顿，更不能忽快忽慢。要注意不要过分移动镜头，也不要在没有需要的情况下移动镜头。摇摄的起点和终点一定要把握得恰到好处，技巧运用得有分有寸。摇摄过去就不要再摇摄回来，只能做一次左右或上下的全景拍摄。

（4）摇摄速度

摇摄的时间不宜过长或过短。根据以往的经验，用摇摄的方法拍摄一组镜头约 10 秒左右为宜，过短播放时画面看起来像在飞，过长看起来又会觉得拖泥带水。一组摇摄的镜头应该有明确的开始与结束，在起幅和落幅的画面上要稳定停留一段时间，一般来说三秒左右就够了，这样的镜头让人看起来稳定自然，这点很重要。落幅无停留，摇镜头将会给人没有结束和不完整的感觉。

微课程视频拍摄也是一种艺术创作，所谓的拍摄技巧，只是摄像创作的基础，并不能代表一切。就像画画一样，好的作品是脱胎于规则但不拘泥于规则的。

4.2.3 抠像技术的运用

在图像或视频编辑中，常常会用到背景替换技术，即把图像中感兴趣的前景目标精确地提取出来，再与其他背景合成一幅新的图像。该技术即我们熟知的数字抠像技术。抠像实际上就是从画面中吸取某一种颜色作为透明色，并将它从画面中抠去，这样就使背景透出来,形成二层画面叠加的效果。使用此技术将室内拍摄的人物进行抠像处理,与各种美丽的景物叠加在一起,能产生神奇的艺术效果。随着影视制作的不断发展,"抠像"技术得到了越来越广泛的应用,特别是在很多特技场景中,"抠像"技术被大量使用。在制作微课程中使用数字抠像技术把前景目标和任意的新背景合成,往往给人以更好抓住学习者吸引力的视觉效果。

图 4-10　抠像拍摄技术

抠像最早起源于电视电影制作。在影视拍摄时,为了实现一些特殊效果,需要把不同时间拍摄的不同场景合成到一起,抠像技术因此应运而生。在 2013 年的贺岁档,有一部李安的《少年派的奇幻漂流》,这部电影上映后,获得了几乎一致的好评,它的成功就与出色的运用抠像技术密不可分。这是史上最让人充满力量的生存故事,来自印度的一位少年在一次船难之后,被困在太平洋的一条小船上与一只孟加拉虎为伴生存了 227 天。要如何拍摄一位少年被困于茫茫大海呢?拍摄海洋场景的解决方案是搭建了一个长 75 米,宽 35 米的水池。水池四周的墙面都涂成蓝色。用人工机器设备制造海浪,然后拍摄。把感兴趣的人物和船精确地提取出来,与太平洋背景无缝地融合到一起,即可获得海洋场景,而不必亲自去太平洋拍摄。

合成特技在目前的影视节目制作中使用得越来越多。新闻联播、专题节目、访谈等节目中的播音员可以与遥远的外景画面重叠在一起;歌唱节目、神话电视剧等也都大量使用了合成特技,形成腾云驾雾、仙法妖术等奇妙画面。甚至一些传统的节目,比如在《天气预报》中也可以看到特技带给人的视觉享受。在每天新闻联播结束后的《天气预报》节目中,主持人不就是在动态的天气预报图上指点江山的吗?过去静态的天气符号变成了可爱的动画符号,这无疑受到了孩子们的热烈欢迎,节目也就成功俘获了新的小观众收视群。这种种神奇的画面就是采用了一种叫做抠像的技术,将前景主持人和制作好的背景合成的最后效果。

现在,抠像主要包括对使用蓝幕和绿幕作为背景图像的抠像。前景对象中的蓝色或者绿色背景可通过合成软件中的抠像插件抠掉,然后将剩下的前景对象合成到背景图像上,完成天衣无缝的组合。为什么蓝色和绿色经常被选定为被抠去的颜色呢?那是因为蓝色和绿色属于三原色,它们有绝对的纯度,不易与其他颜色相混淆,所以抠像效果好。

虽然不同的抠像工具对应着不同的抠像方法和技术原理,但一般都要遵守以下的步骤:

准备工作:校正前景图片中的背景色彩,对抠像素材进行预处理。在这一阶段,前景图片的色彩的纯度越高、背景颜色越均匀越容易达到理想的效果。由于灯光和布景等问题,通常拍摄的以蓝幕或绿幕作为背景的色彩在镜头中都不是很均匀，有时候即使反复调整软件中抠像插件的参数也很难达到理想的抠像效果。所以进行抠像之前应该先使用颜色调整工具，将幕布的颜色调整均匀。

为了使抠像效果好一些，不要选择容易反光的亮面料作为幕布。背景光则越大越好，最好能够对整块幕布做均匀、明亮的照明处理。如果前景是主讲人的话则要离幕布远一些，不然背景光的蓝色或绿色散光打在主讲人身上会导致布光不匀，抠像时容易造成误差。同时，千万不能忽视主讲人左右手臂的外侧，一般要在他的周围设置2台以上的逆光，这样既有后逆光，也有侧逆光。合理的逆光布置可以清晰地勾勒出主讲人的外形轮廓，使得人物在画面中鲜明立体，边缘无毛刺，也减少了布光不均匀的问题。

在后期合成软件中将前景素材叠加在背景素材之上时，调整好前景和背景素材的位置，注意景深的控制，以符合透视规律为宜，达到以假乱真的效果。

给前景素材应用抠像工具。调整抠像工具的参数，抠除颜色。在前景中选取要去除的颜色，该颜色的所有像素在前景素材中就变成了透明，这样背景素材就透过这些透明的部分与前景对象合为一体了。如果所需前景图像的某些像素没被抠掉，则需要对前景图像进行更多的取样，有时甚至使用遮罩的方法，将它们添加到抠除的范围之内。

以上步骤是对一般抠像软件操作的大体概括。抠像是一个复杂的技术实现过程，而且针对不同的抠像要求可以采用不同的抠像工具，这都要视具体需要而言。抠像效果的好坏绝不仅仅在于抠像工具的选取，还必须根据最终想要实现的效果特点来选择有针对性的抠像方式。然后再对抠像过程中的每一个环节做合理安排，甚至是所拍摄事物的颜色把握和整体色彩控制，这样才能得到最美的抠像效果并可以最大程度上提高工作效率。

由于主体是时刻运动的，因此在色彩方面的要求会更加严格，前期准备工作中对幕布的要求也会更加精细。由于在拍摄活动影像的时候前景对象经常是人物，而中国人的肤色偏黄，蓝色是黄色的补色，色差大容易选取颜色，所以拍摄前景人物对象的时候还是在蓝幕背景下比较好。而且蓝幕背景下拍摄的黄种人抠像合成后肤色会偏白一点，画面效果更好。相反，在绿色幕布背景下拍摄的黄种人抠像合成后肤色则偏黄绿色，脸色不正常。如果前景对象是非黄种人的外国人时，使用绿色幕布作为背景较好。而且如果外国人是蓝眼睛的话，使用绿幕背景进行抠像就不会误抠去眼睛的颜色了，此时幕布的质量选择就至关重要了。

涉及抠像制作的微课程视频作品拍摄是一个比较复杂的系统工程。而拍摄出的微课程素材的成功与否主要取决于拍摄前的准备工作是否充分，有效的前期准备能为后期制作提供极大的便利。由于实际拍摄时往往只能看到蓝色幕布上对着"空气"表演的演员，而无法实时了解最终的合成效果。这就要求课程设计者和后期制作人员良好协调，分析研究镜头脚本的画面构成、摄像机的运动轨迹等因素，同时也要考虑后期制作的技术及实力能否完美实现想要的效果。

目前演播室的背景主要分为两类：实景和蓝幕抠像背景。实景又分为两大类，一是在演播室中根据栏目需要人工搭建的背景，二是以实际的场景为背景，例如：演播室的控制室、编辑工作区、街景、夜景等。

4.2.4 使用交互式电子白板

4.2.4.1 交互式电子白板的功能

交互式电子白板（Interactive Whiteboard）是由外围式电子白板演变而来的，它由电子感应白板硬件和相应交互式电子白板应用软件组成。它的使用依赖于计算机和投影仪的相互结合。交互式电子白板、电子笔、计算机和投影仪共同组成了交互式电子白板系统。它与计算机间的双向的、交互的信息传输功能，实现了普通电子白板跨越式的发展。交互式电子白板实现了一方面通过电子笔可以轻松将书写、标注、几何画板等功能取代传统黑板和粉笔的突破；另一方面还可以利用电子笔在交互式电子白板上进行计算机的直接操控，实现了对计算机内文件与程序系统的简单化操作，如调用文件、资源库资料和打开网页等，使教师的教学由熟悉的黑板向新技术应用的轻松转换。

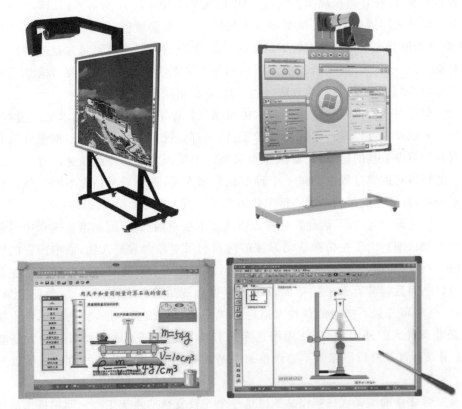

图 4-11　交互式电子白板

交互式电子白板自身配置了内容丰富的资源库，如背景库、注释库、页库、链接库等，涉及领域广泛，而且支持用户的任意添加与删除。教师可以借助资源库功能，在授课过程中随时调用所需资源，克服了普通多媒体投影系统下教学资料高度结构化和固化的缺陷。交互式电子白板的应用软件是其整个系统的核心，硬件安装后，交互式电子白板的功能特性主要由软件系统决定。不同软件系统的显示功能不同，其常见的主要功能如下：

① 兼具传统黑板的功能。我们可以把交互式电子白板当作普通黑板使用，可以利用电子笔将所要板书的内容直接书写在电子白板上，也可以像选择粉笔颜色一样，通过不同颜

色、不同字体对板书进行美化，其中电子板擦也可以实现随意对板书的涂改、擦除。对学生在交互式电子白板上的板书，教师也可以通过使用画写批注功能，随时进行批注。另外，它还具有独特的存储、自动记录和回放功能，便于教师在教学过程中对学生书写的内容进行再现，以及教学后对教学过程的回放与反思。在分组探究教学活动中，不同的小组可以将本组的观点同时书写并存储在交互式电子白板上，利于教师通过回放功能对小组展示进行点评和总结。

② 兼有普通多媒体的教学功能。交互式电子白板教学系统也可以说是多媒体教学系统的一种，只是在使用功能和环境要求上更胜于普通多媒体系统。教师在课堂教学时可以将多种多媒体资源呈现在交互式电子白板上。这些资源具有多样性，可以是教师事先准备的文档、表格或课件等，也可以是随时从计算机中提取的数字化资源。交互式电子白板可以通过教师在白板上的直接点击实现资源播放，这大大增加了使用者的便利性。基于此点优势，教师就可以像往常一样在白板附近进行讲学，随时进行板书，随时通过交互式电子白板调用相关资源，不用再像普通多媒体辅助教学时那样，将教师束缚在计算机前。从另一层面上讲，交互式电子白板的使用对教师的肢体和活动范围做到了彻底的解放，减少了教师于屏幕和电脑之间的频繁往复的辛苦，避免了干扰学生的注意力，同时更多地恢复了教师的肢体语言，更利于帮助学生理解所学的内容。

③ 具有特殊的特色功能。交互式电子白板提供了多种性能的电子感应笔，用户可以用电子笔或手指直接在白板屏幕上进行书写、批注、绘图和任意擦拭。在书写过程中，允许用户随意调整笔的粗细和字体的颜色，以不同的风格、大小和颜色书写文字、线条等。除此之外，在课堂教学过程中，教师可以根据教学需要对呈现的课件进行圈点、批注，还可以让学生在白板上进行板演，教师可以对书写内容进行批改、点评。交互式电子白板不仅打破了原有课件使用上的固有程序，还可以借此加深学生对教学内容的印象，有效地促进教学重点、难点的突破。

交互式电子白板提供了强大的教学功能。PowerPoint、Word、Excel 文档及其他多种格式的图片、音频、视频等都能被交互式电子白板系统所兼容。比如，化学教学过程中教师可以利用化学仪器图库进行教学实验仪器的分解与组装，帮助学生通过交互式电子白板进行组装、拆卸的训练。在实验教学过程中，学生可以随意地连接、拖动、旋转和组装各种实验仪器，能够激发学生参与的热情和学习化学的兴趣。交互式电子白板自带的电子教具，如化学实验教学中的各种仪器以及制备各种物质的实验组合仪器等，大大方便了教师在教学过程中更直观地对介绍仪器和指导使用以及说明注意事项。另外，它还具有特殊视觉效果的展示功能，如聚光灯功能、屏幕的拉幕功能、放大镜功能等。

4.2.4.2 交互式电子白板在微课程中的应用

由于交互式电子白板具有强大的交互功能，强大的存储和实时记录功能，资源的程序化、模块化功能，多样化的教学内容表现形式，它可用来进行交互式教学设计，同时也是教师录制微课程时经常选用的设备之一。

交互式电子白板辅助教学的概念可以表述为：在实行班级授课制的课堂教学过程中，教师依据教学目标和教学内容的需求，在继承传统教学方式的合理性的基础上，适当利用交互式电子白板教学系统的特殊功能来解决相应问题,并使两者在教学活动中实现完美结合,使其各展所长,互为补充,构成了教学内容信息传输与反馈的现代教育技术媒体群,并使用媒体群进行教学全过程的共同参与,实现教学过程最优化的目的。

教师借助于交互式电子白板进行微课程拍摄,将交互式电子白板系统作为一种变革性的辅助教学手段,以交互式电子白板设计的交互理念为基础,兼顾电子白板本身的交互性和可操作性特点,引入学科课堂教学后,促进了课堂教学方式的变革,有效地补充了多媒体教学与网络条件下的课堂教学之间的空白,有力地推动了教育技术与学科课程的整合。

交互式电子白板是一种先进的人机交互设备,教师借助于交互式电子白板进行微课程拍摄,主要用于对教育教学或会议、培训的辅助应用领域。交互式电子白板集多媒体、一体化、稳定性、操作简单、易学易用等优点于一身,再加上与计算机、投影机连接,通过强大的白板软件支持,构成了巨大的、交互性的课堂教学演示环境,不仅使教学手段更加丰富,教学表现形式更加多样,而且能让学生真切地感受到课堂的趣味性。因此,交互式电子白板在真人拍摄型微课程中有非常好的使用效果。

4.2.5 使用触控一体机

真人拍摄型微课程在讲解知识点时经常会用到触控一体机,比传统的交互式电子白板更方便,省却了投影机及电脑。常用触控一体机如图 4-12 所示。

图 4-12 触控一体机

使用触控一体机能非常灵活地实施教学,同时它比普通的交互式电子白板增加了好多实用的功能,并且这些功能是一般多媒体课件在教学中所不具备的。使用触控一体机用于真人拍摄型微课程会有非常好的教学效果。

4.3　真人拍摄型微课程视频制作步骤

真人拍摄型微课程程视频制作步骤主要包括:确定教学目标,制定教学策略,确定教学顺序,设计辅助资源,选择微课程制作类型。

4.3.1　真人拍摄型微课程教学设计流程

4.3.1.1　确定教学目标

根据学习需求分析的结果以及学习内容分析的结果,选择适合用微课程的学习内容,把学习内容碎片化成知识点,针对不同的知识点确定教学目标。对于短短几分钟的微课程,课程一开始直接告诉学习者教学目标是非常重要的。教学目标的明确不仅让学生的学习有了方向感,更可以让教师的整个教学过程不偏离教学目标,从而取得较好的教学效果。在微课程的实际制作过程中,授课教师根据知识点的内容,可以用一句简单明确的话描述微课程的教学目标。

4.3.1.2　制定教学策略

教学策略按其功能划分,可以分为组织策略、传递策略和管理策略,而微课程的教学设计主要关注组织策略和传递策略。组织策略在这里主要表现在根据所选知识点确定如何组织教学内容,关键是如何用最短的时间配合最佳的教学内容组织从而取得最好的教学效果。传递策略是决定运用何种媒体和手段将知识有效地传递给学习者的方法,主要考虑用哪种微课程的表现形式能更好地传递教学信息。

4.3.1.3　安排教学顺序

教学顺序的安排在微课程的制作过程当中是非常重要的。教学顺序是微课程整个教学过程的安排,在有限的时间内教师先讲授什么、接着讲什么、如何结尾是教学顺序主要解决的问题。以下四个环节在微课程教学过程中应该必备:引起注意,告知目标,讲授新知,提供指导。微课程作为一种微型课程,在教学顺序上最后还应该加上课程的结语部分,每一个微课程结束时要有一个简短的总结,概括要点,帮助学习者梳理思路,强调重点和难点。

4.3.1.4　设计辅助资源

微课程的表现形式不同,需要的辅助资源也不一样,对于各种微课程形式,需要的辅助资源主要有:高质量的 PPT 课件;根据学习内容分析,以及所采用的教学顺序,设计纸质或电子版的教学过程脚本;还需要配套的测试题,这里的测试题形式可以多样化,包括需要学生进一步思考的问题,针对知识点的辅助练习题等。

4.3.2　制作多媒体课件

用于真人拍摄型微课程的 PPT 课件除遵循一般电子课件要求的科学性、准确性之外,还要考虑艺术性以及技术性的因素。如果采用摄像机翻拍屏幕的方式就要考虑课件的对比度,要求背景简洁,对比度大,才能保证屏幕文字在后期能够看清楚;对于采用 VGA 直接输入采集的,要考虑少用或不用激光教鞭或手势指点屏幕讲解内容,而要改用鼠标或电子笔软件,因为 VGA 抓图采集不到这类信号,观看者看不到后期的指点信息。

对于动画效果、视频及声音素材的搜集和应用,要考虑到学生是通过电脑屏幕观看的,不宜太长,要分为小节奏的渐进结构,并重点注意互动和小高潮的设置,保证学生收看时注意力的保持。

本例的微课程多媒体课件设计如下:

图 4-13　幻灯片 01

图 4-14　幻灯片 02

图 4-15　幻灯片 03

图 4-16　幻灯片 04

图 4-17　幻灯片 05

图 4-18　幻灯片 06

图 4-19　幻灯片 07

图 4-20　幻灯片 08

2 机油油污

后果：
机油沉积物覆盖火花塞会使火花塞无法通过间隙跳火，而是通过机油从更短的路径跳火到侧电极。

图 4-21　幻灯片 09

3 积灰

现象：
火花塞中心电极及侧电极表面覆盖了浅褐色沉积物。

图 4-22　幻灯片 10

3 积灰

原因：
积灰是由于过多的机油添加剂引起的。
积灰若出现在火花塞半边，说明发动机上部磨损严重。
积灰包围电极，说明发动机下部磨损严重。

图 4-23　幻灯片 11

3 积灰

后果：
积灰可引起自点火，造成功率损失或损坏发动机。

图 4-24　幻灯片 12

4 爆震

现象：
绝缘体顶端破裂。

图 4-25　幻灯片 13

4 爆震

原因：爆震燃烧
➢ 点火时刻过早
➢ 汽油辛烷值低
➢ 燃烧室内温度过高

图 4-26　幻灯片 14

4 爆震

后果：
相同的振动也会损坏其它发动机零部件，如活塞和气门。

图 4-27　幻灯片 15

5 瓷件大头爬电

原因：
由于安装不好或火花塞连接线套老化，导致点火高压沿着瓷体外部内络接地。

图 4-28　幻灯片 16

微课程设计与制作教程

5 瓷件大头爬电

现象：
绝缘体上出现垂直于铁壳方向黑色
燃烧痕迹。

图 4-29　幻灯片 17

5 瓷件大头爬电

后果：
发动机失火。

图 4-30　幻灯片 18

火花塞常见故障

图 4-31　幻灯片 19

作业准备

1. 技术要求

● 禁止在发动机处于热状态时拆卸火花塞，以免损坏气缸盖上的
　火花塞螺纹孔。
● 拆装火花塞时使用火花塞专用套筒扳手。
● 火花塞不是固紧螺丝，不需要十分用力拧紧。
● 清洁火花塞时不要使用钢丝刷。
● 不要调整旧火花塞的电极间隙。

图 4-32　幻灯片 20

作业准备

2. 技术标准

检查内容	标准状态
旧火花塞电极间隙	1.3mm（最大）
新火花塞电极间隙	1.0~1.1mm

图 4-33　幻灯片 21

作业准备

3. 设备器材

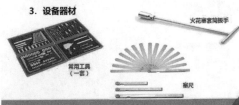

图 4-34　幻灯片 22

学习小结

火花塞常见故障：

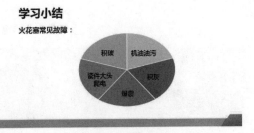

图 4-35　幻灯片 23

4.3.3 开发微课程脚本

开发阶段是微课程制作的核心阶段,其主要步骤包括:开发课程脚本,多媒体课件制作,微课程视频制作,微课程非视频部分制作。开发课程脚本是所有微课程制作的必备步骤,逻辑清晰的课程脚本是微课程顺利录制的重要保证。本章微课程的脚本设计如表 4-1 所示。

表 4-1 "火花塞常见故障"微课程脚本设计

序号	PPT 页面内容	配音内容
01	通过本节微课程课你将学习到 **火花塞的常见故障**	【真人出镜的方式】同学们好,上节课我们了解了火花塞的结构和功用,那么火花塞常见的故障有哪些?它又是由于什么原因造成的呢
02	**火花塞常见故障** 正常: 浅褐(灰)色 无燃油或机油沉积物	正常情况下,火花塞绝缘体端部呈浅褐(灰)色,表面没有燃油或机油沉积物的话,这就说明热值正确且能够点火正常
03	**火花塞常见故障** 电负荷大 高温、高压燃气 腐蚀 → 故障率较高 较易损坏	但是在发动机运转过程中,火花塞除了承受大的电负荷外,还与高温、高压燃气直接接触,包括会受到燃烧产物的强烈腐蚀。因此,火花塞是故障率较高、较易损坏的部件
04	**1 积碳** 现象: 火花塞上有松软、乌黑的沉积物,表明有积碳。	接着我们来具体分析下火花塞的常见故障,第一种现象是火花塞上有松软、乌黑的沉积物,表明有积碳
05	**1 积碳** 原因: 1.可燃混合气比例不正确、空气滤清器堵塞等造成的混合气过浓。 2.发动机温度过低,燃烧不完全。 3.燃油质量太低或变质,燃烧不正常。 4.火花塞太冷、热值太低。	积碳现象的原因可能是混合气过浓造成的,还有发动机温度过低,导致燃烧不完全。燃油质量太低,引起的燃烧不正常,以及火花塞太冷、热值太低都会导致火花塞积碳的现象

微课程设计与制作教程

序号	PPT 页面内容	配音内容
06	**1 积碳** 后果： 碳的沉积物是可以导电的，可能造成火花塞失火。	由于碳的沉积物是可以导电的，所以这种故障可能会造成火花塞失火
07	**2 机油油污** 现象： 由于机油进入燃烧室内，导致火花塞电极和内部出现油性沉积物。	第二种故障是机油油污，由于机油进入燃烧室，导致火花塞电极和内部出现油性沉积物
08	**2 机油油污** 原因： 个别火花塞上有油性沉积物，可能是气门杆油封损坏造成的。 各个缸体的火花塞都粘有这种沉积物，则说明气缸隙油。	出现这种故障的可能原因是气门杆油封损坏了，如果各个缸体的火花塞都粘有这种沉积物，则说明气缸有蹿油
09	**2 机油油污** 后果： 机油沉积物覆盖火花塞会使火花塞无法通过间隙跳火，而是通过机油从更短的路径跳火到侧电极。	当机油沉积物覆盖火花塞时会使火花塞无法通过间隙跳火，而是通过机油从更短的路径跳火到侧电极
10	**3 积灰** 现象： 火花塞中心电极及侧电极表面覆盖了浅褐色沉积物。	第三种常见故障是积灰，在火花塞中心电极和侧电极表面覆盖了浅褐色沉积物

序号	PPT 页面内容	配音内容
11	3 积灰 原因： 积灰是由于过多的机油添加剂引起的。 积灰若出现在火花塞半边，说明发动机上部磨损严重。 积灰包围电极，说明发动机下部磨损严重。	这通常是由于机油添加剂过量造成的，或者是由于发动机外部磨损较严重所引起的
12	3 积灰 后果： 积灰可引起自点火，造成功率损失或损坏发动机。	积灰可能会引起自点火，造成功率损失或损坏发动机
13	4 爆震 现象： 绝缘体顶端破裂。	第四种常见故障就是绝缘体顶端破裂
14	4 爆震 原因：爆震燃烧 ➢点火时刻过早 ➢汽油辛烷值低 ➢燃烧室内温度过高	绝缘体破裂的主要原因是爆震燃烧。点火时刻过早，汽油辛烷值低，燃烧室内温度过高都可能导致发动机爆震燃烧
15	4 爆震 后果： 相同的振动也会损坏其它发动机零部件，如活塞和气门。	相同的振动会损坏其他发动机零部件，比如活塞和气门

序号	PPT 页面内容	配音内容
16	**5 瓷件大头爬电** 原因： 由于安装不好或火花塞连接线套老化，导致点火高压沿着瓷体外部闪络接地。 **5 瓷件大头爬电** 现象： 绝缘体上出现垂直于铁壳方向黑色燃烧痕迹。 **5 瓷件大头爬电** 后果： 发动机失火。	假如安装不好或火花塞连接线套老化，会导致点火高压沿着瓷体外部闪络接地。火花塞就会出现垂直于铁壳方向的黑色燃烧痕迹，最终会导致发动机失火
17	**火花塞常见故障** 主要检修内容 电火花　火花塞电极　火花塞电极间隙	因此，检修火花塞对于判断发动机运转情况显得尤为必要，它包括检查电火花、检查火花塞电极、检查火花塞电极间隙（也就是中心电极和侧电极的空气间隙）
18	**作业准备** 1. 技术要求 ● 禁止在发动机处于热状态时拆卸火花塞，以免损坏气缸盖上的火花塞螺纹孔。 ● 拆装火花塞时使用火花塞专用套筒扳手。 ● 火花塞不是固紧螺丝，不需要十分用力拧紧。 ● 清洁火花塞时不要使用钢丝。 ● 不要调整旧火花塞的电极间隙。	那么在检修前有一些技术要求需要我们了解下，比如发动机处于热状态时是禁止工作的，拆装时需要使用专用套筒扳手，火花塞不是固紧螺丝，不需要十分用力拧紧，不能用钢丝清洁火花塞，还有不要调整旧火花塞的电极间隙

序号	PPT 页面内容	配音内容
19		在检修过程中,我们会使用塞尺测量火花塞电极间隙,通过检测数据与标准数据的对比,让我们了解火花塞的故障程度
20		常用的设备器材有整套的常用工具、火花塞套筒扳手和塞尺
21		【真人出镜的方式】通过本小节的内容,我们认识了火花塞的常见故障,它主要分为五种:积碳、机油油污、积灰、爆震以及瓷件大头爬电。同学们,在学习过程中,有什么问题可以直接与我联系

4.3.4　微课程音频部分制作

在微课程视频中,除拥有非常优秀的摄影技巧,良好的特效,处理良好的字幕及标题外,还要有精心录制的音频。由于真人拍摄型微课程对教师角色要求非常高,在授课过程中可能经常出现音频停顿或者出现影响拍摄的情况,通常的做法是在正式真人拍摄前对照脚本进行一遍音频录制,在后期合成时直接可以使用。录制方法有两种,一种是对着高清摄像机的话筒单独进行音频录制,还有一种是使用电脑进行音频采集,前者效果通常好于后者。

关于微课程音频制作有以下一些技巧,可以确保获得清晰的音频质量及效果。

① 撰写好微课程脚本。微课程音频录制并不要求将微课程中所有的语音都以文字形式写下来,但一定要对微课程中的人物语音有所计划。一个简单的笔记就不错,一份大纲则更好,要想在短时间内高效率地完成微课程音频的录制,一定要撰写好微课程脚本。

② 使用好的麦克风。由于语音是录制影片中最重要的音频,应当尽可能使用最好的麦克风。可以使用 USB 插口的耳麦,不推荐大家用普通电脑话筒或是耳麦(即常见的 10～50 元的那种小话筒),电脑市场上卖的耳麦中的 mic 大多数是用低档驻极体电容传声器做成,此种话筒的特点是传音清晰而且成本很低,用于一般语音聊天和讲话录音还可以,但如果用来进行微课程音频录制的话效果通常较差。这是由于低档驻极体电容传声器指向性差,容易

感受外界噪音,而且频率响应差,录进去的声音干瘪,平淡无味。因此,如果想要效果较好的话推荐使用质量好点的动圈话筒,也可以使用家庭中唱卡拉 ok 用的 5 毫米大口话筒,再配一个 3.5 毫米转换头即可,这样就可以插在声卡上了,效果远远好于电脑话筒。

③ 注意麦克风的位置。微课程音频录制时最常见的问题就是教师常常忘记在录音时靠近麦克风。尽量在录音时将嘴唇放在麦克风上方 3～5 厘米处。使用立式麦克风,以及为教师配备耳机以便他们随时监控自己的录音质量,都会对此问题有所帮助。不要害怕多次重复录制一段语音,那将帮助你更好地制作出清晰的语音效果。当配音发出气息声等,你需要使用一定的气息防止工具来使录音更加清晰。一个好的话筒防风罩并不需要太多资金,也可以将尼龙丝袜环绕在话筒上使用。

④ 使用你的数码摄像机作为音频录制器。现今的数码摄像机都能够录制优秀的音频。它们的保真度在技术上要高于音乐 cd,并且可以更方便地导入电脑进行后期制作。

⑤ 关注配音时间。微课程视频需要非常精确的语音时间定位,例如一个 30 或 60 秒的知识点讲解。配音的语音需要在一个特别的时间范围内,一般要求 3～5 个词汇每秒,相对它们的日常语速要更慢更清晰一些。记住,在日常的对话中,我们有各种各样可能不被影片所接受的语言方式,而聆听者也未曾为此感到不适。但在一个微课程中,必须让语句尽可能地清晰易懂。

⑥ 录制倒计时。分段录制画外音的时候,开始录制前的倒计时常常会很有用。例如,你可能会说"练习用视频,第七部分,第一次录制,5,4,3…"保留最后几秒的计数不发音,使得你在后期编辑的时候有一定的空间,在录制结束后也保留适当的几秒空余。

⑦ 在录制音频过程中保持戴有耳机。如果在录音过程中发生任何问题,比如丢失信号、受到干扰或是配音者转动了其头部方向等,你一定希望立刻得知而不是在后期剪辑中才发现它们。这就要求在录制过程中一直戴有耳机对录制过程进行监测。

对照表 4-1 的微课程脚本设计进行音频录制,本例录制完毕的音频文件为"微课程音频.wma"。

4.3.5 微课程视频部分制作

微课程视频不是传统课堂简单的重放,要根据讲授知识的需要,摆脱教学场地及设备的局限,对微课程的视频内容和形式进行有创意的编排和设计。真人拍摄型微课程要求授课教师对着平行机位的摄像机镜头讲授,这一方式很容易抓住学习者的注意力,形成一对一授课的亲切感觉。出镜讲解可以直接站在黑板、交互式电子白板、触控一体机、演播室的蓝布或绿布前(后期进行抠像处理),后期制作时再把幻灯片的授课内容、图片资源、动画资源及与主题相关的视频素材加到教师出镜拍摄的微课程视频当中。

真人拍摄型微课程与实际的课堂教学既有相似之处,也有很大的不同。在进行教学设计时应该考虑到这一因素,比如每次课程内容的多少,教学多媒体演示材料的准备,知识点呈现的方式,交互提问及课堂节奏进度控制等。具体要注意以下事项:

① 课堂态势语。教师的态势语在课堂教学中起着重要的引导和指示作用。首先要根据录制技术选择使用形体语言还是用鼠标指引。在课堂录制时,教师要适当熟悉摄像机位的布局安排和导控切换的位置,行走和态势要在镜头的最佳范围内有恰当的表现。比如对学生进行指导和互动的站位,要考虑到学生和教师都能正面面向镜头,一些即兴问答要考虑预留给摄像人员调度摄像机的时间。教师既不能拘泥于镜头范围而不敢有过多态势引导,也

要考虑摄像机的拍摄范围和调度的延时。

②　课堂教学节奏控制。平时课堂授课由于有教师和纪律的约束，学生的注意力会较容易保持，微课程视频很大程度上靠学生的自主学习，因此有时要考虑自学的一些教学原则，比如斯金纳的强化理论，小步子、及时反馈，要把握时间和节奏，通过态势语、动作、提问等将视频变成有机联系的情节段落，避免学生长时间观看引起的视觉疲劳。当然，要对教学内容进行精心的设计，不能因为微课程时间的限制而导致教学内容的缺失或讲解模糊。对于课堂练习、思考时间的预留要得当。比如课堂练习可以不留时间，因为观看者会暂停视频来进行思考。但授课过程中的停留有时就要长或用语气重点强调，否则观看者会有跟不上或走神的情况发生。

③　与摄像人员的手势约定及口误处理。在微课程录制过程中，任何的中断和打扰都可能会影响教师的思路或进度，导致教学状态的改变，或延误录制的进度，有时会增加后期的剪辑工作量并影响最终效果。因此，与教师事先约定一些突发事件或错误提示等手势信号是必要的，比如录像开始和结束的手势、暂停的手势，以及对口误发生时的处理等。

④　摄像机机位、景别的设定。在微课程录制过程中，一般可以预制一些摄像机位，包括镜头位置、中近景等机位信息，需要时可以一键调度到位。

⑤　授课教师、交互式白板（触控一体机）、PPT 课件及学生的导播切换要紧随教师的思路，导播切换人员要考虑观看者的感受及时进行 PPT 课件、学生机位、主讲教师（包括主讲人的景别）、黑板等镜头的切换，要尽量符合镜头的组接规律。注意镜头的景别变化，尽量采用全景、中景、近景的前进式或近景、中景、全景倒退式的方法进行切换，尽量避免同景别不同镜头拍摄的教师主体对接。若无特殊需要，一般不用给学生单独的特写镜头。

⑥　口误及无关镜头画面的剪辑处理。教师讲课过程中偶尔会出现重复或口误的情况，一般小的口误不需要特别处理，以免影响教学的连贯性，只有出现知识性错误或大段无关内容影响整体时才做出删减，删减后镜头对接一般会采取交叉转场或加入空镜头（学生、交互式白板、PPT 课件等）等方法，以减少画面跳跃感。

⑦　对画面的整体色彩、亮度一般不做调整，有些情况下用视音频滤镜简单处理一下亮度、对比度，以及明显的噪音即可。

本例制作微课程中使用数字抠像技术把教师真人出镜讲课过程进行拍摄，如图 4-36 所示。后期将拍摄内容与虚拟演播大厅背景合成，给人以更好抓住学习者吸引力的视觉效果。

图 4-36　真人出镜拍摄

4.4 拍摄型微课程视频编辑操作

4.4.1 制作微课程片头

① 打开会声会影软件,在视频轨单击鼠标左键,再点击鼠标右键,在弹出的菜单中选择"插入视频",如图 4-37 所示。

图 4-37　在视频轨插入视频

② 选择"第 4 章"文件夹中的"片头.mov",将片头视频添加到视频轨,如图 4-38 所示。

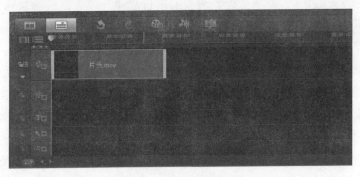

图 4-38　插入片头视频

③ 在声音轨单击鼠标左键,再点击鼠标右键,在弹出的菜单中选择"插入音频"选项中的"到声音轨",如图 4-39 所示。

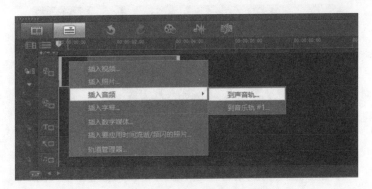

图 4-39　在声音轨插入片头音乐

④ 选择"第4章"文件夹中的"片头音乐.wav",将片头音乐添加到声音轨,如图4-40所示。

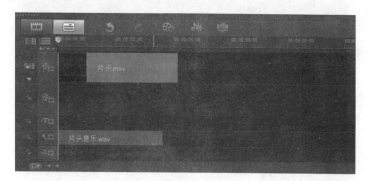

图 4-40　插入片头音乐

⑤ 添加片头字幕。在素材面板中选择"标题"中如图示的标题模板,预览效果如图4-41所示。

图 4-41　选择字幕模板

⑥ 拖动选定的标题字幕模板到"标题轨",并调整标题字幕的持续时间与片头视频字幕长度一致,如图4-42所示。

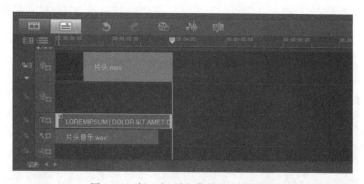

图 4-42　插入标题字幕模板到标题轨

⑦ 双击"标题轨",此时预览窗口中的片头字幕的文字被选中,如图4-43所示。

⑧ 在预览窗口双击片头字幕文字,将其更改为"真人拍摄型微课程",再双击第二行文字,将其改为"同济大学微课程工作室　蔡跃　博士",如图4-44所示。

图 4-43　选中片头字幕中的文字

图 4-44　更改文字

　　⑨ 调整片头字幕的字体及位置。双击第一行片头字幕文字并选中,在右侧"编辑"面板中将字体设为"微软雅黑",字号设为"65"。再双击第二行片头字幕文字并选中,在右侧"编辑"面板中将字体设为"微软雅黑",字号设为"32",如图 4-45 所示。

图 4-45　字幕属性编辑参数修改

⑩ 调整好的片头字幕的字体及位置如图 4-46 所示。

图 4-46　调整后的效果

⑪ 制作完毕后的片头如图 4-47 所示。

图 4-47　制作完毕的片头

4.4.2　输出 PPT 为微课程素材

制作完毕的 PPT 在微课程后期视频编辑时的使用有两种模式，一种是将 PPT 课件输出为图片，第二种是将 PPT 课件输出为视频格式，在视频格式输出中会保留在 PPT 中预先设置的各种动画效果，对不会使用 Flash 制作动画的老师会非常有帮助。下面分别将图 4-48 所示的 PPT 输出为图片格式及视频格式。

导出图片格式的操作如下：

① 在 PowerPoint 程序中，点击"文件"选项卡，选择"另存为"，弹出"另存为"对话框，在"保存类型"中选择"JPEG 文件交换格式（＊.jpg）"，将"文件名"修改为"真人拍摄型 - PPT 导出图片"，单击"保存"，如图 4-49 所示。

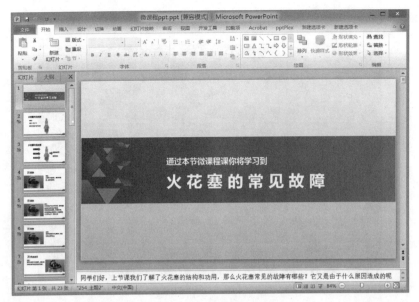

图 4-48 输出 PPT 文件

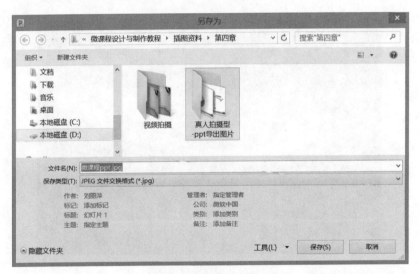

图 4-49 另存为图片格式

② 在弹出的选项对话框中选择"每张幻灯片",将该 PPT 文件中的全部页面都导出为图片格式,如图 4-50 所示。

图 4-50 保存选项

③ 导出完成会生成一个文件夹，文件夹中是若干图片文件，一个文件对应原 PPT 中的一个页面，如图 4-51 所示。

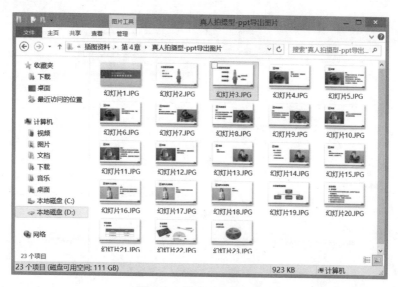

图 4-51　导出后的文件夹

将 PPT 课件导出为视频格式的操作如下：

① 点击"文件"选项卡，选择"保存并发送"中的"创建视频"，再选择"计算机和 HD 显示"，点击"创建视频"按钮开始视频创建，如图 4-52 所示。

图 4-52　选择"创建视频"

② 在弹出的"另存为"对话框中，选择"保存类型"为"Windows Media 视频（＊.wmv）"，在"文件名"中输入"微课程 PPT.wmv"，点击"保存"，如图 4-53 所示。

③ 导出完毕后的视频如图 4-54 所示。

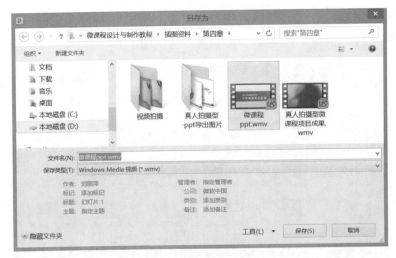

图 4-53　设置视频格式及文件名

图 4-54　导出后的视频

4.4.3　制作虚拟演播大厅效果

本例微课程视频中需要导入的素材共有五类,分别是虚拟演播大厅素材(图 4-55 所示)、真人拍摄视频素材(图 4-56 所示)、PPT 导出的图片素材、PPT 导出的视频素材、音频素材。

图 4-55　虚拟演播大厅素材

图 4-56　真人拍摄视频素材

虚拟演播大厅效果操作如下：

① 在视频轨单击鼠标右键，选择"插入视频"命令，将"第 4 章"文件夹中的"虚拟演播室视频.mov"添加到"视频轨"，如图 4-57 所示。

图 4-57　添加演播大厅素材到视频轨

② 在"覆叠轨 1"上单击鼠标右键，选择"添加照片"命令，选择导出的第一张 PPT 图片文件，将其添加到"覆叠轨 1"，将"覆叠轨 1"上的 PPT 图片使用绿色的变形控制点调整到虚拟演播厅素材的电视上，调整完毕的效果如图 4-58 所示。

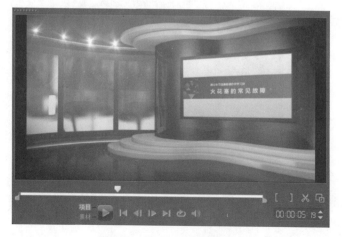

图 4-58　将 PPT 图片调整好

③ 由于时间轴上默认只有一根"覆叠轨",但要抠像的真人拍摄型素材也要单独占用一根"覆叠轨",单击"轨道管理器",添加"覆叠轨2"。在"覆叠轨2"上单击鼠标右键,选择"添加视频…",将"第4章"文件夹下"视频拍摄"文件夹中的"00015.MTS"文件添加到覆叠轨2,添加后的效果如图4-59所示。

图 4-59 素材添加

④ 点击"覆叠轨2"上的视频素材,抠像的效果是要将这个素材除人物外的背景全部去除,由于素材的绿色不是满背景拍摄,故需要对视频进行裁剪,使其变为如图4-60所示,这样就可以准确地去除全部背景。

⑤ 点击素材库面板的"滤镜素材库",选择"修剪"滤镜,将"修剪"滤镜用鼠标拖拽至"覆叠轨2"上的素材,如图4-61所示。

图 4-60 抠像素材尺寸裁剪

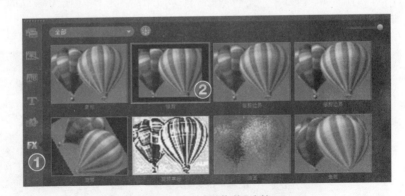

图 4-61 选择"修剪"滤镜

⑥ 双击"覆叠轨2"上的素材,在"属性"面板中选择"自定义滤镜",弹出滤镜设置对话框,如图4-62所示。

图 4-62　选择自定义滤镜

⑦ 在"修剪"滤镜对话框中首先点击最左侧的关键帧,将宽度比例设为"35％",高度比例设为"100％",并将虚线框移动到人物的合适位置,勾选"静止"选项。点击最右侧的关键帧,将宽度比例设为"35％",高度比例设为"100％",并点击"播放"按钮预览效果,如图 4-63 所示,设置完毕点击"确定"。

图 4-63　"修剪"滤镜参数设置

⑧ 点击"确定"按钮后,播放器面板预览的效果如图 4-64 所示,至此为抠像做好了准备。

图 4-64　修剪滤镜效果

⑨ 双击"覆叠轨2"上的素材,在"属性"面板中选择"遮罩和色度键",如图4-65所示。

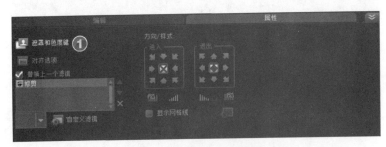

图4-65　选择自定义滤镜

⑩ 勾选"应用覆叠选项",在类型中选择"色度键",将相似度数值设为"55",观察播放面板窗口中背景去除情况,如果效果不好可以将该值调大,直到背景被去除,如图4-66所示。

图4-66　选择自定义滤镜

⑪ 此时合成的虚拟演播大厅效果如图4-67所示。

图4-67　抠像合成后微课程视频

⑫ 调整人像的位置和大小,调整完毕后的效果如图 4-68 所示。

图 4-68　制作完毕的虚拟演播大厅效果

4.4.4　剪辑视频素材

由于真人拍摄时为保证后期制作的顺利进行,通常在录制的一段视频中有很多不需要的片段,这些片段在后期视频合成时要予以减除,也就是对视频进行剪辑操作。本例对添加到虚拟演播大厅的真人拍摄视频进行剪辑,操作如下。

① 将播放指针调整到人物开始说话的位置,如图 4-69 所示。

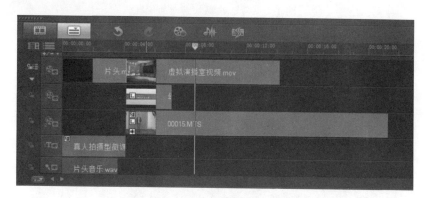

图 4-69　选择需要剪切的时间位置

② 单击预览窗口下方的工具栏中的"分割素材"按钮,将视频在当前时间线处剪为 2 段,如图 4-70 所示。

③ 向后移动播放指针到音频的结束位置,单击预览窗口下方的"分割素材"按钮,将视频在当前时间线处剪为 2 段,此时原视频一共被剪切了两次,共有三段独立的视频,如图 4-71 所示。

④ 删除掉第一段和第三段视频,保留中间的一段,并将其移动到片头结束的位置处,如图 4-72 所示。

⑤ 调整"覆叠轨 1"上的 PPT 图片持续的时间与真人拍摄视频持续时间一致,将虚拟演播大厅视频持续时间与真人拍摄视频时间调整为一致,如图 4-73 所示。

图 4-70　选择需要剪切的时间位置

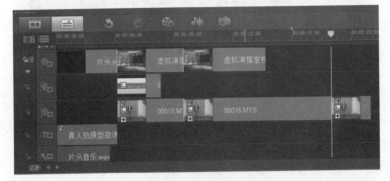

图 4-71　第二次剪切的时间位置

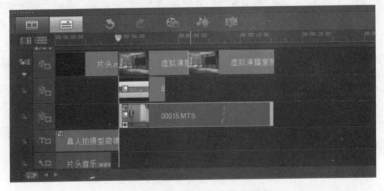

图 4-72　删除掉多余的视频剪辑

图 4-73　剪辑好的视频

4.4.5　编辑音频素材与视频素材同步

本小节主要处理录制的音频与 PPT 导出的视频同步的效果。在实际制作微课程时，一般采用单独将音频对照脚本先行独立录制一遍，并存为音频文件格式。后期与生成的 PPT 视频进行同步，这样可以大大节省拍摄的时间与后期制作的时间。本例的操作如下：

① 在声音轨上点击鼠标右键，在弹出的快捷菜单中选择"插入音频"的"到声音轨"命令，选择"第 4 章"文件夹中的"微课程音频.wma"音频文件，将其添加到声音轨，并调整到合适的位置，如图 4-74 所示。

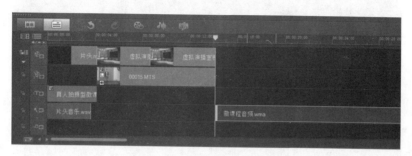

图 4-74　在声音轨插入片头音乐

② 针对第二张 PPT 的脚本设计（图 4-82），在音频轨道中选择第二张 PPT 开始和结束的位置，分别进行切割，如图 4-75 所示。同样的操作可以将每一张 PPT 所对应的音频进行切割。

图 4-75　将录制的音频进行切割

③ 导入由 PPT 导出的视频素材。在视频轨单击鼠标右键，在弹出的快捷菜单中选择"插入视频"，选择"第 4 章"文件夹中的"微课程 PPT.wmv"视频文件，将其添加到视频轨，并调整视频素材到剪辑的末端，如图 4-76 所示。

图 4-76　导入视频素材

④ 切掉多余的视频素材。移动鼠标指针到第二张 PPT 播放开始的位置分割素材,将分割好的第一段视频删除。再将播放指针移动到第二张 PPT 结束的位置分割视频,如图 4-77 所示。

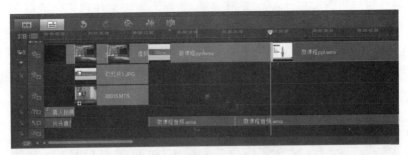

图 4-77 切掉多余的视频素材

⑤ 从图 4-84 上可以看出,由于 PPT 导出为视频时如果 PPT 播放时间与当时单独录制这张 PPT 时所用时间不一样,就会出现二者不同步的现象,这时就需要进行调整,调整的原则是针对视频进行快进或者慢放的操作。本例中选择切割好的第二张 PPT 视频,在视频上单击鼠标右键,选择"速度/时间流逝"选项,然后设置"速度"参数为"140",通过不断地微调参数值使二者基本同步,然后用鼠标拖动视频末端与音频精确同步,如图 4-78 所示。

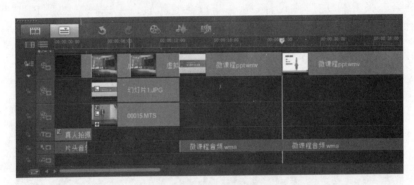

图 4-78 设置第二张 PPT 视频与音频同步

⑥ 移动鼠标指针到第三张 PPT 播放结束的位置分割素材,如图 4-84 所示。从图上可以看出本段 PPT 视频比音频要短,要对原有 PPT 视频进行延长操作。选择切割好的第三张 PPT 视频,在视频上单击鼠标右键,选择"速度/时间流逝"选项,然后设置"速度"参数为"70",通过不断地微调参数值使二者基本同步,再用鼠标拖动视频末端与音频精确同步,如图 4-79 所示。

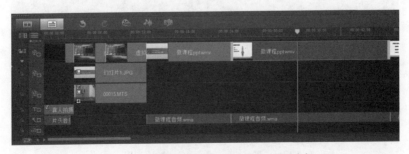

图 4-79 设置第三张 PPT 视频与音频同步

使用同样的办法可以使每一张 PPT 视频与音频同步,如图 4-80 所示。

图 4-80　全部 PPT 视频与音频同步

4.4.6　制作微课程片尾

在微课程视频中的片尾部分,一般采用片尾字幕从下到上的滚动模式,操作如下:

① 点击素材库面板中的"标题素材库",在标题素材中选择图示类型,如图 4-81 所示,将其用鼠标拖拽至"视频轨"的最右端。

图 4-81　选择滚动标题形式

② 双击插入的标题字幕,修改为如图 4-82 所示的文字内容。

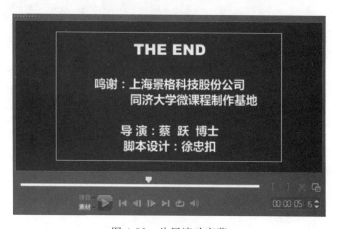

图 4-82　片尾滚动字幕

4.5　拍摄型微课程字幕制作

① 点击素材库面板中的"标题素材库"按钮,可以看到播放窗口的视频出现了"双击这里可以添加标题",如图 4-83 所示。

图 4-83　点击素材库面板中的标题按钮

② 本例选用字幕文件导入操作。点击选项面板中的"打开字幕文件",如图 4-84 所示。

图 4-84　打开字幕文件操作

③ 在弹出的"打开"对话框中浏览找到"第 4 章"文件夹中的"真人拍摄型微课程字幕.
utl",设置字体为"微软雅黑",字号为"30",设置字体色彩为"白色"、光晕阴影为"黑色",并设
置导入字体到"标题 2"轨,设置好后点击"确定"按钮,如图 4-85 所示。

图 4-85　设置打开字幕文件对话框

④ 添加好的字幕在时间轴上如图 4-86 所示,这里还可以进行字幕文字与时间一致性的调整。

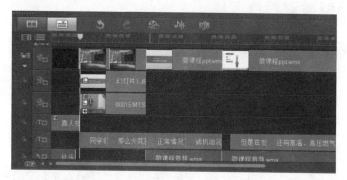

图 4-86　导入的字幕在时间轴上的效果

⑤ 播放添加好字幕的视频效果如图 4-87 所示。

图 4-87　字幕播放的效果

本例的字幕文件格式如图 4-88 所示,每段字幕由三部分构成,字幕序号、时间区间、字幕内容构成。可以按照视频情况自行进行编辑,编辑好后一定要存为 *.utl 格式。

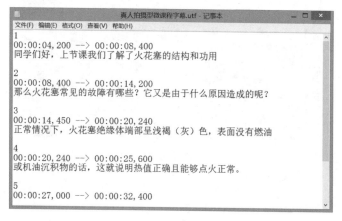

图 4-88　字幕文件格式

4.6 拍摄型微课程视频输出

最后的微课程视频一般要保留两种格式,一种用于原素材的存档,以便后期进行修改和编辑,要保存较高的画质;一种作为微课程平台使用,一般压缩为 1024×576 画面大小,MP4 格式流媒体,便于网络流畅观看。

本例选择输出为 MP4 格式,操作如下:

① 点击"分享"菜单,在"属性"面板选择"创建视频文件",如图 4-89 所示。

图 4-89　创建视频文件选项

② 在"创建视频文件"中选择"MPEG – 4"格式中的"Mpeg – 4 HD"格式,如图 4-90 所示。

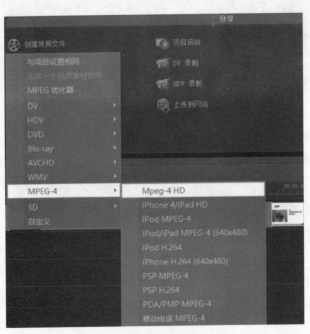

图 4-90　选择视频输出格式

③ 在弹出的"创建视频文件"对话框中指定输出的文件名及文件位置,点击"保存"按钮,如图 4-91 所示。

图 4-91　指定输出目录

第5章　PPT录屏型微课程制作

5.1　PPT 录屏型微课程项目描述

　　PPT 录屏型微课程制作相对简单,录制时一般由教师本人独立完成。PPT 录屏型微课程制作首先要选定教学主题,搜集教学材料和多媒体素材,制作 PPT 课件,然后在电脑屏幕上打开录屏软件,带好耳麦,调整好话筒的位置和音量,教师对照 PPT 课件进行讲解,并进行录制。PPT 录屏型微课程在录制时可以选择是否录制教师本人的头像。录制完毕后,对录制的微课程视频用后期视频编辑软件进行适当的编辑和美化。PPT 录屏型微课程适合涉及推导过程、公式演算等理工科课程、经济金融类的课程。这些类型的微课程一方面大大吸收了传统课堂中的板书讲解的全部优点,另外一方面还可以通过后期剪辑,剪去那些不必要的拖沓,提升讲解的效率。具体操作时,可以配置一台带有手写板的电脑或者具有手写功能的显示屏,通过录屏的形式保存下书写内容,再通过后期剪辑进行精加工。

　　本章的项目教大家制作如图 5-1、图 5-2、图 5-3、图 5-4、图 5-5、图 5-6 所示的微课程。

图 5-1　PPT 录屏型微课程片头

图 5-2　PPT 录屏型微课程片头画面

微课程设计与制作教程

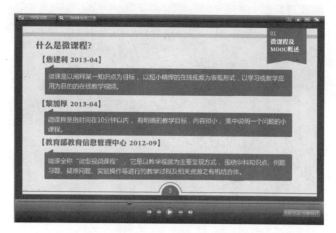

图 5-3　PPT 录屏型微课程输入讲解画面

图 5-4　PPT 录屏型微课程输入讲解画面

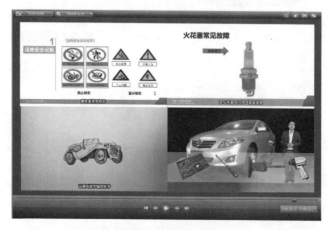

图 5-5　PPT 录屏型微课程画面

图 5-6　PPT 录屏型微课程片尾

5.2　PPT 录屏型微课程录制

　　PPT 录屏型微课程要用到的软件主要有两个，分别是 PowerPoint 2010 软件及 Camtasia Studio 8 屏幕录制软件。Camtasia Studio 8 软件的作用有两个，一个是录制 PPT 课程的讲解，第二个作用是录制以后进行编辑，如添加片头、片中字幕、视频剪辑、特效及片尾等操作。如果要录制授课教师的头像，必须在有摄像头的电脑上进行录制，而且注意 PPT 课件要给头像预留出位置。下面进行详细讲解。

　　① 打开"第 5 章"文件夹中的"什么是微课程.pptx"，如图 5-7 所示。

图 5-7　PowerPoint 打开录制的 PPT 文件

　　② 启动 Camtasia Studio 软件，在弹出的欢迎页面选择"Record the screen"（记录屏幕），如图 5-8 所示。

图 5-8　Camtasia Studio 软件的欢迎页面

③ 弹出捕捉设置窗口，如图 5-9 所示。选择将"Webcam on"打开录制自己的头像，如果设备正常可以看到自己的头像。选择将"Audio on"打开录制讲解的声音，并将音量调整到合适的大小，一定要选择 USB 插口的麦克风，这样可以保证音频的采集效果，如图 5-10 所示。

图 5-9　Camtasia Studio 软件的捕捉设置

图 5-10　使用 USB 插口的麦克风

④ 按键盘上的 F5 键播放 PPT，在 Camtasia Studio 软件的捕捉设置面板上选择"Full screen 全屏"区域，此时已完成录制前的准备工作，点击红色的"rec"按钮开始录制，弹出倒计时（3、2、1）的对话框，如图 5-11 所示。倒计时结束后开始进行录制。录制过程中，如果出现讲解错误或者其他影响正常录制的状况不需要停止录制，只要重新再说一遍即可，在录制完毕后可以通过软件所带的剪辑功能去除不要的视频部分，进行后期加工。

图 5-11　录制前倒计时

微课程设计与制作教程

⑤ 当需要对 PPT 中的某一个页面进行详细讲解或者要进行强调或注释时,可以使用 PowerPoint 中的"指针选项"功能进行操作。在 PPT 页面上点击鼠标右键,选择"指针选项"中的"笔"选项,如图 5-12 所示。

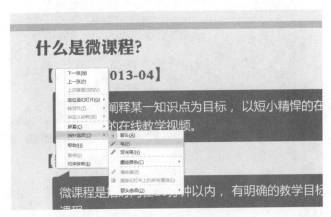

图 5-12　使用"指针选项"

⑥ 注意由于使用"指针选项"时会使用鼠标右键弹出快捷菜单及选择"笔"的选项菜单,这时不要进行音频讲解,在后期编辑时会剪辑掉这段视频。当鼠标变成笔尖状时再开始音频讲解,并按住鼠标左键进行划线、绘图等笔迹操作,如图 5-13 所示。

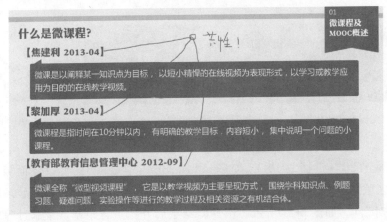

图 5-13　笔迹操作

图 5-14　手写板

⑦ 如果要想精确地绘制图形、在 PPT 页面上进行板书及输入手写文字内容或进行公式推导,直接使用鼠标的效果就很差,这时要配合使用如图 5-14 所示的手写板效果会更好。

⑧ 完成后的效果如图 5-15、图 5-16 所示。

⑨ 按下键盘上的 F10 键结束录制,并自动弹出如图 5-17 所示的录制效果预览窗口,点击预览窗口左下方的"shrink to fit"可以缩放视频到窗口的大小,这样可以预览视频界面。

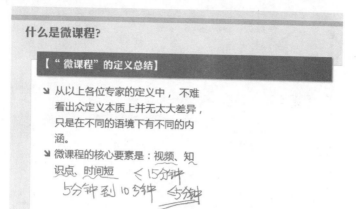

图 5-15　配合手写板使用"指针选项"效果 01

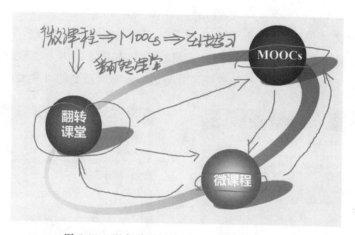

图 5-16　配合手写板使用"指针选项"效果 02

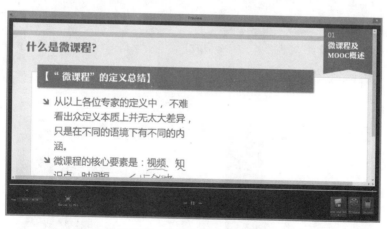

图 5-17　录制完毕后预览效果

　　⑩ 预览后如果没有问题，点击右下角的"Save and Edit"进行保存，弹出"保存"对话框，起名为"什么是微课程"，保存格式为 ＊.camrec，点击"保存"按钮，如图 5-18 所示。一个好的习惯是为每一个录制的微课程片段建立一个新的文件夹，以便于存储。

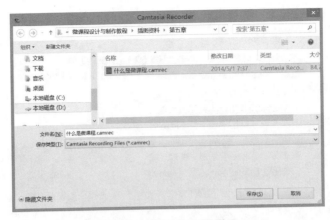

图 5-18　保存录制的微课程

⑪ 这时会启动 CamtasiaStudio 软件，弹出如图 5-19 所示的设置"尺寸"对话框，默认的尺寸是"Width"为 854 像素，"Height"为 480 像素。本例录制时电脑的分辨率为 1920×1080 像素，故在"尺寸"下拉列表中选择 1920×1080 像素的尺寸，如图 5-20 所示。视频的尺寸在编辑过程中随时可以进行改变，最好将此时的视频尺寸与最后发布所需要的尺寸大小保持一致。

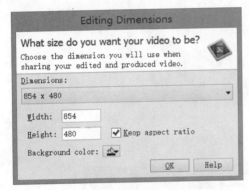

图 5-19　"尺寸设置"对话框

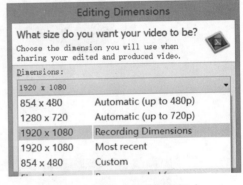

图 5-20　选择合适的视频尺寸

⑫ 点击"尺寸"设置对话框中的"OK"按钮，完成视频尺寸设置，进入视频编辑操作页面，如图 5-21 所示。

图 5-21　视频编辑程序界面

⑬ 在进行编辑前需要将录制的视频保存为 Camtasia Studio 的一个项目，单击"File"菜单中的"Save project"按钮保存项目，起名为"什么是微课程"，注意项目文件的扩展名为 ＊.camproj。一个好的习惯是将项目文件与前面录制的微课程视频保存在同一个目录下，以便于后期管理，如图 5-22 所示。

图 5-22　保存为项目文件

5.3　PPT 录屏型微课程编辑

Camtasia Studio 具有强大的视频编辑功能，及强大的后期处理能力，在录制完微课程后，可以基于时间轴对录制的视频片段进行各类剪辑操作，如添加片头、各类标注、媒体库、Zoom-n-Pan、画中画、字幕特效、转场效果、旁白、标题剪辑等，当然也可以导入现有视频进行编辑操作，包括 AVI、MP4、MPG、MPEG、WMV、MOV、SWF 等文件格式。编辑完成后，可将录制的视频输出为最终的微课程视频文件，它支持的输出格式也很全面，包括 MP4、WMV、AVI、M4V、MP3、GIF 等，并能灵活自定义输出配置。

下面介绍对上一节录制的微课程视频进行编辑。

5.3.1　剪辑录制的视频

① 双击"什么是微课程.camproj"，启动项目文件进行编辑，如图 5-23 所示。

图 5-23　启动要编辑的项目

② 使用视频剪辑功能去除与课程内容无关的片段,如录制过程中点击鼠标右键弹出的快捷菜单等,如图 5-24 所示。

图 5-24 找到要删除的视频片段

③ 拖动灰色的播放指针到时间节点 0:01:50:18,然后向左拖动绿色指针到时间节点 0:01:45:02,绿色的指针用来选择视频的起点,红色的指针用来选择视频的终点,选中视频范围后可以使用空格键播放选中的视频,双击灰色的播放指针可以取消选择。选中后的效果如图 5-25 所示。

图 5-25 找到要删除的视频片段

④ 点击"Cut"按钮,将选中的部分在视频中去除,如图 5-26 所示。

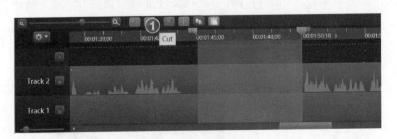

图 5-26 删除视频片段

⑤ 采用同样的办法可以去除掉与录制内容无关的视频部分,包括说错的部分、口头禅或者咳嗽等影响视频的内容,也要将部分没有声音的地方去除。编辑前的微课程视频长度是 0:03:50:08,剪辑完毕后的视频长度是 0:03:19:03,去掉了大约 30 秒的视频。

图 5-27 剪辑完毕后的视频片段

5.3.2 添加微课程片头

① 双击"什么是微课程.camproj",启动项目文件进行编辑,如图 5-28 所示。

图 5-28 启动要编辑的项目

② 点击"import media",弹出文件选择对话框,选择"第 5 章"文件夹中的"片头.mov"素材,将其导入到 Clip Bin 剪辑库,预览可以看到片头的时间是 3 秒钟,如图 5-29 所示。

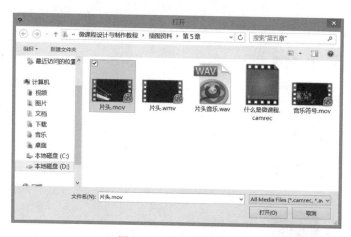

图 5-29 导入片头素材

③ 片头素材应该位于视频最开始的部分,所以要将原有两根视频轨道上的素材向右移动从而给片头预留位置。点击 Track1 轨道最左侧的视频,选中视频素材,按住 shift 键,使用

鼠标左键将素材向右移动大约3秒的长度。对Track2轨道上的视频素材进行同样的操作，操作完毕如图5-30所示。

图 5-30　在视频轨上移动素材

④将"片头.mov"素材用鼠标左键拖动到Track1轨道，如果"片头.mov"素材与Track1轨道及Track2轨道上的素材留有间隙，则移动Track1轨道及Track2轨道上的素材与"片头.mov"素材刚好对齐，如图5-31所示。

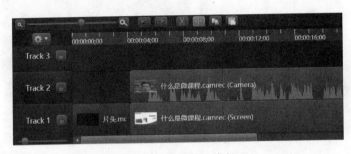

图 5-31　插入片头素材

⑤点击"import media"，弹出文件选择对话框，选择"第5章"文件夹中的"片头音乐.mp3"素材，将其导入到Clip Bin剪辑库，如图5-32所示。

图 5-32　导入片头音乐素材到剪辑库

⑥ 将"片头音乐.mp3"素材用鼠标左键拖动到 Track2 轨道,如图 5-33 所示。

图 5-33　插入片头音乐素材

⑦ 添加片头文字,点击工具栏上的"Callouts"(标注)工具,如图 5-34 所示。

图 5-34　选择"Callouts"操作

⑧ 在文本框中输入"微课程设计与制作教程",然后选中文字,将字体设置为"微软雅黑"、"加粗",将字号设为"100",颜色设为"白色",效果图 5-35 所示。

图 5-35　片头文字效果

⑨ 此时可以看到 Track3 轨道上出现一个文字剪辑,如图 5-36 所示。

图 5-36　Track3 轨道上的片头文字

⑩ 调整片头文字持续时间,并添加淡入淡出效果。将鼠标移动到字幕结束为止,变成可以拖动形状时按住鼠标左键向左侧拖动字幕剪辑,控制时间与片头视频长度一致,对齐时会出

现一条黄线,此时已自动捕捉到片头视频尾部,则可以松开鼠标。将字幕"Fade in"(淡入)时间设为 2 秒,"Fade out"(淡出)时间设为 1.5 秒,再次调整字幕剪辑的持续时间,如图 5-37 所示。

图 5-37　Track3 轨道上的片头文字

⑪ 点击 Track3 轨道上方的加号,插入一个新的 Track4 轨道,如图 5-38 所示。

图 5-38　添加 Track4 轨道

⑫ 在 Track4 轨道上单击鼠标左键,再次执行工具栏上的"Callouts"工具中的 Text 文字操作,在文本框中输入"同济大学　蔡跃　博士",然后选中文字,将字体设置为"微软雅黑"、"加粗",将字号设为"72",颜色设为"白色",并在右侧预览窗口中将字幕位置调整好,最后的效果图 5-39 所示。

图 5-39　片头文字效果

⑬ 此时可以看到 Track4 轨道上出现一个文字剪辑，如图 5-40 所示。

图 5-40　Track4 轨道上的片头文字

⑭ 调整 Track4 轨道的片头文字持续时间，并添加淡入淡出效果。将 Track4 轨道的字幕"Fade in"时间设为 2 秒，"Fade out"时间设为 1.5 秒，再次调整字幕剪辑的持续时间，与 Track3 轨道上的文字时间一致，如图 5-41 所示。

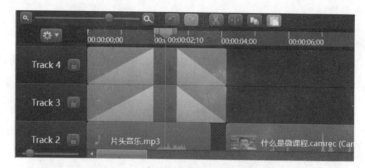

图 5-41　Track4 轨道上的片头文字剪辑

⑮ 片头制作完毕，效果如图 5-42 所示。

图 5-42　片头预览效果

5.3.3　编辑音频

要想对原始视频中带的音频进行编辑，首先要把音频与视频分离，然后对剥离的音频进行操作，如去除噪音和咳嗽，增大音量或减少音量等。

① 将视频与音频剥离。点击 Track2 轨道上的视频，点击鼠标右键，在弹出的菜单中选

择"Separate video and audio"（分离视频与音频）命令，如图 5-43 所示。分离后时间线上的轨道变化如图 5-44 所示。

图 5-43 "分离视频与音频"命令

图 5-44 分离后的视频与音频轨道

② 去除音频中的错误。当录制过程中读错或者出现咳嗽等情况时，可以使用静音功能进行处理。Track3 轨道上的音频在 0：01：35：26 到 0：01：38：08 时间上有两次咳嗽，如果此时视频内容恰好与录制的内容无关，这时可以将音频与视频一同切掉，但如果相关则必须单独对音频进行处理。使用蓝色与红色指针选择好两个咳嗽的音频区间，如图 5-45 所示。

图 5-45 选择音频区间

③ 点击工具栏上的"Audio"选项的"Silence"（静音）按钮，对选择的音频做静音处理，如图 5-46 所示。

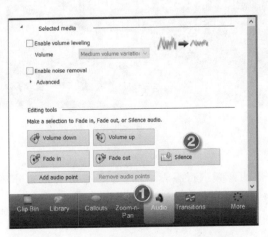

图 5-46 静音处理

④ 静音处理完毕的音频如图 5-47 所示。

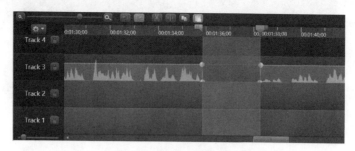

图 5-47　音频静音

⑤ 加大音量较小的部分。使用绿色指针与红色指针选择音频在 0:00:11:24 到 0:00:12:01 时间段,点击键盘上的空格键播放所选音频区间,可以听到声音非常小而且很低沉的"国内"的"国"字,此处需要将过"国"字的读音进行加大音量操作,如图 5-48 所示。

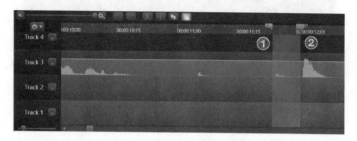

图 5-48　选择需加大音量的音频区间

⑥ 点击工具栏上的"Audio"选项"Volume up"(加大音量)按钮,对选择的音频做加大音量处理,如图 5-49 所示。

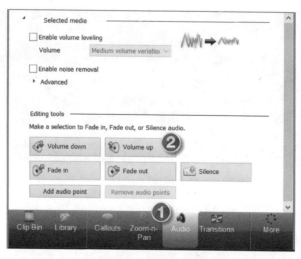

图 5-49　加大音量操作

⑦ 此时音频轨道上在选择的区间的起点及终点处出现了四个音频关键帧点,如图 5-50 所示。

微课程设计与制作教程

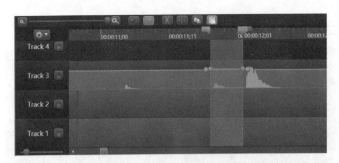

图 5-50   四个音频关键帧点

⑧ 移动鼠标左键到中间两个点之间,拉动鼠标左键将音频加大到原来的 500%,如图 5-51 所示,这时候的音频效果会好很多。

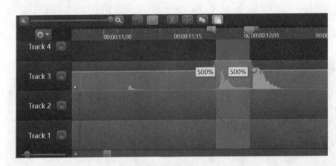

图 5-51   将音频的音量放大

⑨ 降低音量较高的部分。在音频轨道中经常发现一些音频高于音频平均线,这是存在破音的现象,对这样的音频需要做降音处理。使用绿色指针与红色指针选择音频 0:00:22:17 到 0:00:22:19 时间段,如图 5-52 所示。

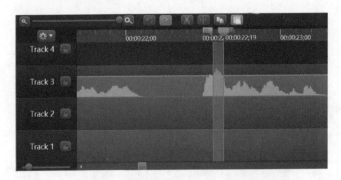

图 5-52   选择需降低音量的音频区间

⑩ 点击工具栏上的"Audio"选项"Volume down"(降低音量)按钮,对选择的音频做降低音量处理,如图 5-53 所示。

⑪ 此时音频轨道上在选择的区间的起点及终点处出现了四个音频关键帧点,音量已经降低,如图 5-54 所示。

⑫ 在工具栏上的"Audio"选项中还可以进行音频的"Fade in"(淡入)、"Fade out"(淡出)操作,如果四个音频关键帧点不够可以通过点击添加"Add audio point"(音频关键帧点)进行

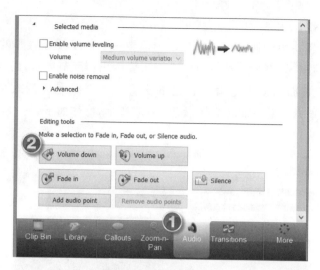

图 5-53　降低音量操作

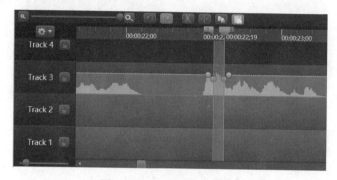

图 5-54　将音频的音量降低

精细化调整音频,还可以使用"Enable noise removal"(去除噪音)去除音频录制过程中的一些噪音,如图 5-55 所示。

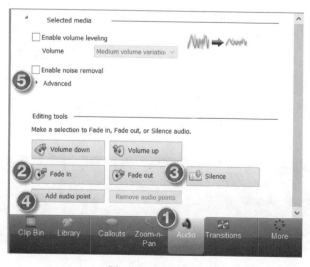

图 5-55　音频操作

5.3.4 编辑录制的头像

本项目录制 PPT 讲解时通过电脑上自带的摄像头录制了授课教师的头像,头像一般并不是全部微课程授课环节都需要,建议挑选几个重要的出镜环节展示,而且在制作 PPT 阶段就要考虑好在 PPT 页面的某个位置放自己的头像。本例要完成的效果是仅在最后一张 PPT 中预先留白的地方放上教师的头像,如图 5-56 所示,操作如下。

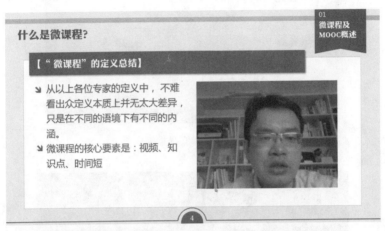

图 5-56　在 PPT 合适位置添加授课教师头像

① 首先将视频与音频剥离。选择 Track2 轨道上的视频,点击鼠标右键,在弹出的菜单中选择"Separate video and audio"命令,如图 5-57 所示。

② 将灰色播放指针拖动到时间节点 0:02:17:03 上,点击时间线上的"Split"(分割)工具,在该时间点处将视频切为两段。点击左侧一段视频,用键盘上的删除键将其删除,如图 5-58 所示。

③ 调整头像视频大小到合适的尺寸。点击右侧一段视频,可以看到预览窗口右下角的视频四周出现一些控制点,如图 5-59 所示。

④ 拖动头像视频四周的控制点,调整头像大小到合适的尺寸,然后将头像视频移动到 PPT 中的空白处,播放预览效果,如图 5-60 所示。

图 5-57　分离视频与音频菜单

图 5-58　分割视频并删除

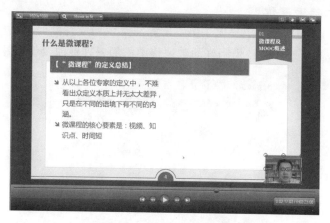

图 5-59　头像尺寸控制点

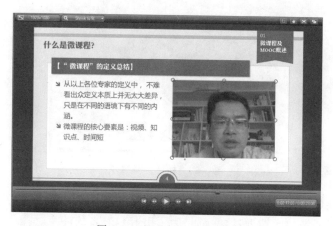

图 5-60　调整好的头像视频

⑤ 对视频尺寸进行裁剪。选择视频轨道上的头像素材,单击播放窗口上方的"裁剪工具"按钮,按住鼠标左键拖动头像视频四周的方形控制点,裁剪头像视频到合适的尺寸,如图5-61 所示。

图 5-61　裁剪好的头像视频

微
课
程
设
计
与
制
作
教
程

5.3.5　添加标注及说明

在 Camtasia Studio 8 软件中提供了丰富的标注及说明注释工具，如图 5-62 所示。使用这些功能可以非常方便地在已经录制好的微课程中添加各种标注及说明注释符号。

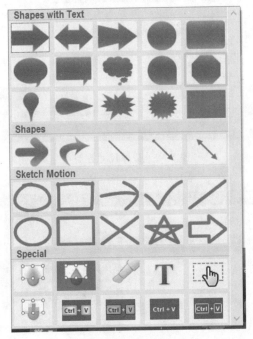

图 5-62　标注工具选项

本例为微课程视频添加对具体关键词的强调操作，包括为指定的文字添加下划线、高亮显示及为讲解的区域添加区域框，这些都是为了引起观看者的注意。操作如下：

① 为特定文字添加下划线。拖动鼠标到时间节点 0：00：22：09 上，这里的音频讲到 PPT 页面中的"微课及微课程"处，为突出显示这两个词，我们在视频中添加下划线以突出显示。点击工具栏中"Callouts"（标注）工具选项，选择"Sketch Motion Straight line"（直线草图）工具，如图 5-63 所示。

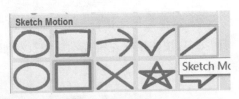

图 5-63　直线草图工具

② 这时在紧贴时间线的位置处会生成一个直线草图标注剪辑，如图 5-64 所示。

图 5-64　生成的直线草图标注剪辑

③ 在预览窗口调整好直线草图的位置和倾斜度，如图 5-65 所示。

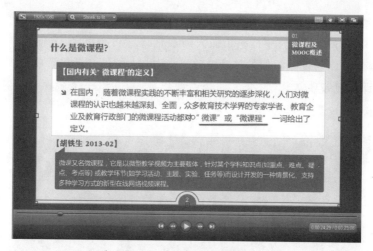

图 5-65　直线草图的位置

④ 调整直线标记的画图时间及淡出时间。在直线草图标记的属性面板的"Draw time"（画图时间）输入 2 秒钟，"Fade out"时间输入 1 秒钟，如图 5-66 所示。

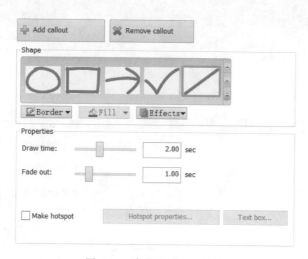

图 5-66　直线草图属性设置

⑤ 调整直线标记的持续时间，在时间线上调整好直线草图的持续时间，要与音频匹配起来，调整好的效果如图 5-67 所示。

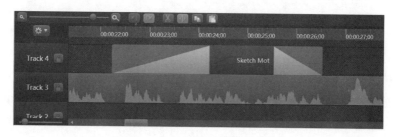

图 5-67　调整好的直线草图

5.3.6 添加素材到视频

在 Camtasia Studio 8 软件中提供了强大的素材整合功能,可以方便地整合各种图像与视频素材,可以为图像与视频添加各种动画效果,而且操作方法非常简单。本例将在片尾部分增加一个微课程视频欣赏环节,插入四个微课程视频,并给每个微课程视频配上动画,项目完成效果如图 5-68、图 5-69 所示。

图 5-68　课程欣赏

图 5-69　课程欣赏制作完毕

操作如下:

① 将播放指针移动到视频最尾部,在 Trac1 轨道单击鼠标左键,选择"Callouts"选项中的"Text"(文本)命令,输入"微课程欣赏",然后将文字选中,字体修改为"微软雅黑",字号改为"100",加粗,并设置"Fade in"时间为 2 秒,"Fade out"时间为 1.5 秒,如图 5-70 所示。

图 5-70　设置字体属性

② 单击"Import media"导入"第 5 章"文件夹中的素材,如图 5-71 所示。

图 5-71　导入视频素材

③ 将视频素材"真人拍摄型 0415.wmv"拖动到 Track1 轨道上,放在"微课程欣赏"剪辑的后面,视频预览窗口的效果如图 5-72 所示。

图 5-72　导入视频素材

④ 设置视频入场时的位置及比例。本例视频入场的效果是从屏幕外飞入屏幕右下四分之一的位置。点击工具栏"More"选项的"Visual Properties"（视频属性）按钮，在属性面板中将"Scale"设为 50%，视频变为原来的四分之一。将"Position"（位置）的 X 坐标设为 1440、Y 坐标设为 - 270，如图 5-73 所示。

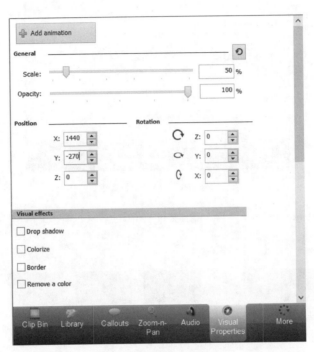

图 5-73　视频属性设置面板

⑤ 此时视频入场时的位置已经位于屏幕外，效果如图 5-74 所示。

图 5-74　视频入场位置

⑥ 为视频添加入场动画效果。在视频轨道上选择视频素材，将播放指针移动到视频开始后大约 3 秒钟的位置，点击"Visual Properties"，在属性面板左上方点击"Add animation"（添加动画）按钮，此时在视频素材时间线的位置处添加了一个动画关键帧，如图 5-75 所示。

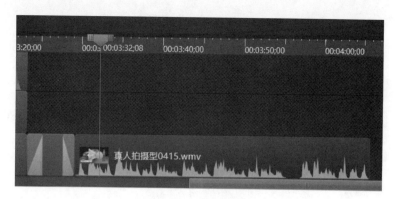

图 5-75　动画关键帧

⑦ 双击关键帧右侧的蓝色圆点，对动画关键帧进行编辑，在"Visual Properties"属性面板中将"Position"的 X 坐标设为 480，如图 5-76 所示。

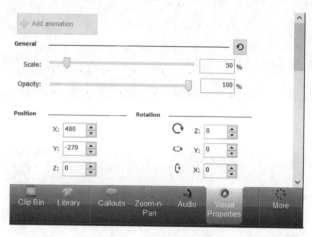

图 5-76　关键帧属性设置

⑧ 调整动画持续范围。用鼠标左键点击选中动画关键帧，按住左键拖动动画关键帧的起点到视频最开始的位置，如图 5-77 所示。

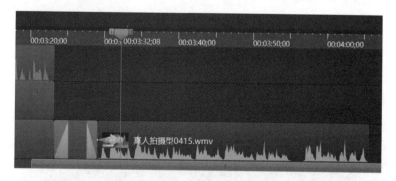

图 5-77　动画关键帧

⑨ 至此视频入场动画效果设置完毕，效果如图 5-78、图 5-79 所示。

⑩ 采用同样的办法依次设置其他三个素材，完成的时间轨道效果如图 5-80 所示。

图 5-78 进入一半

图 5-79 全部进入

图 5-80 完成的视频轨道

⑪ 按照上图的时间轨道设置,在播放第二个视频时,第一个视频位置处为黑屏,这样效果就不够美观,如图 5-81 所示。

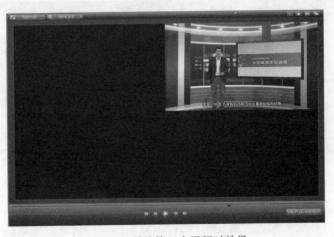

图 5-81 播放第二个视频时效果

⑫ 如果播放第二个视频时第一个视频位置处停在最后的一个画面,这样效果会比较好,如图 5-82 所示。

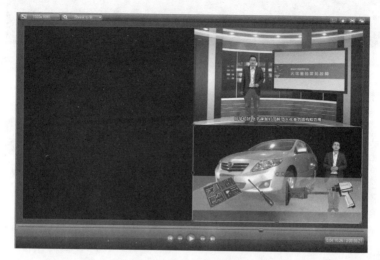

图 5-82　播放第二个视频时效果

⑬ 将播放指针拖动到第一个视频结尾处,单击第一个视频,点击鼠标右键,在弹出的菜单中选择"Extend frame"(扩展帧)命令,如图 5-83 所示。

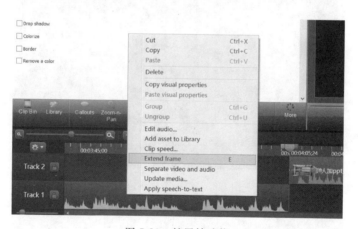

图 5-83　扩展帧功能

⑭ 这时会在时间线位置处生成一个持续时间为 1 秒的视频截图的视频剪辑,如图 5-84 所示。

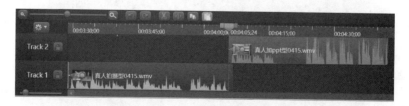

图 5-84　生成扩展帧

⑮ 点击生成的扩展帧,用鼠标将扩展帧拉长到与最后一个视频结尾对齐处,如图 5-85 所示。

图 5-85　延长扩展帧到第二个视频

⑯ 采用同样的办法依次对其他三段视频分别生成扩展帧,视频轨的效果如图 5-86 所示。

图 5-86　完成全部扩展帧功能

⑰ 最后完成的视频效果如图 5-87、图 5-88、图 5-89、图 5-90 所示。

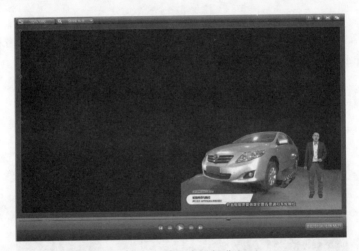

图 5-87　第一个视频进入

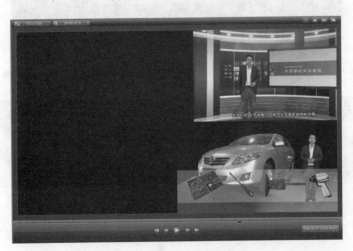

图 5-88　第二个视频进入

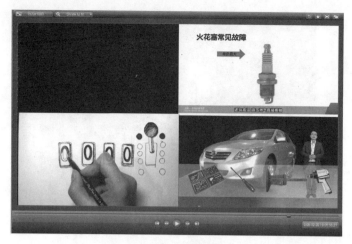

图 5-89　第三个视频进入

图 5-90　第四个视频进入

5.3.7　添加片尾

片尾是一个完整的微课程视频必不可少的一部分,本例片尾的效果是"同济大学微课程工作室"文字从屏幕左侧飞入,同时同济大学 LOGO 从页面上部飞入,效果如图 5-91、图 5-92 所示。

图 5-91　片尾字体进入

图 5-92　片尾 LOGO 进入

操作如下：

① 将播放指针移动到视频最尾部，在 Trac1 轨道单击鼠标左键，选择"Callouts"选项中的"Text"命令，输入"同济大学微课程工作室"，然后将文字选中，字体修改为"微软雅黑"，字号改为"72"，加粗，并设置"Fade in"时间为 0 秒，"Fade out"时间为 0 秒，如图 5-93 所示。

图 5-93　设置字体属性

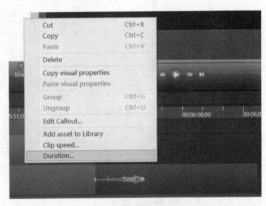

图 5-94　选择持续时间操作

② 将片尾字体剪辑用鼠标调整到视频轨道最后端，在片尾字体剪辑上单击鼠标右键，选择"Duration . . ."（持续时间）命令，如图 5-94 所示。

③ 将视频持续时间调整为 8 秒，如图 5-95 所示。

图 5-95　设置片尾字体持续时间

④ 设置片尾字体入场时的位置。本例片尾字体视频入场的效果是从屏幕左外侧飞入屏幕中间的位置。选中片尾字体剪辑,点击工具栏"More"选项的"Visual Properties",在属性面板中将"Position"的 X 坐标设为－1440、Y 坐标设为－236,如图 5-96 所示。

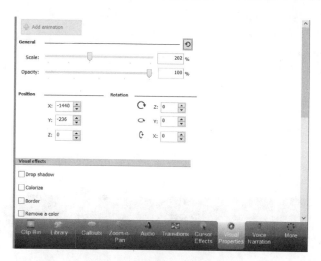

图 5-96　视频属性设置面板

⑤ 此时片尾字体视频入场时的位置已经位于屏幕外,为片尾文字视频添加入场动画效果。在视频轨道上选择视频素材,将播放指针移动到视频开始后大约 3 秒钟的位置,点击"Visual Properties",在属性面板左上方点击"Add animation"按钮,此时在视频素材时间线的位置处添加了一个动画关键帧。双击关键帧右侧的蓝色圆点,对动画关键帧进行编辑,在"Visual Properties"属性面板中将"Position"的 X 坐标设为 0。用鼠标左键点击选中动画关键帧,按住左键拖动动画关键帧的起点到视频最开始的位置,调整动画持续范围,如图 5-97 所示。

图 5-97　片尾文字动画关键帧

⑥ 点击"Import media"导入"第 5 章"文件夹中的片尾图片素材,并将其拖动到片尾文字上方的轨道,将开始部分与片尾文字视频动画关键帧结束处对齐,如图 5-98 所示。

图 5-98　插入片尾图片的轨道

微课程设计与制作教程

⑦ 设置片尾图片入场时的位置。本例片尾图片视频入场的效果是从屏幕中上方飞入屏幕中间的位置，并带有放大效果。选中片尾图片剪辑，点击工具栏"More"选项的"Visual Properties"，在属性面板中将"Scale"设为 34％，将"Position"的 X 坐标设为 0、Y 坐标设为 709，如图 5-99 所示。

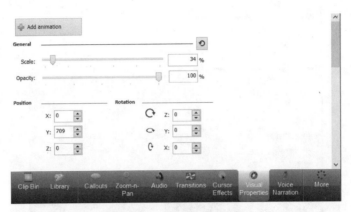

图 5-99　视频属性设置面板

⑧ 此时片尾图片视频入场时的位置已经位于屏幕上方，为片尾图片视频添加入场动画效果。在视频轨道上选择图片视频素材，将播放指针移动到大约 3 秒钟的位置，点击"Visual Properties"，在属性面板左上方点击"Add animation"按钮，此时在图片视频素材时间线的位置处添加了一个动画关键帧。双击关键帧右侧的蓝色圆点，对动画关键帧进行编辑，在"Visual Properties"属性面板中将将"Scale"设为 52％，"Position"的 X 坐标设为 0、Y 坐标设为 84。用鼠标左键点击选中动画关键帧，按住左键拖动动画关键帧的起点到视频最开始的位置，调整动画持续范围。如图 5-100 所示。

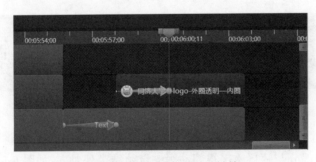

图 5-100　片尾图片动画关键帧

至此已经完成片尾的全部操作。

5.3.8　添加交互测试

在 Camtasia Studio 8 软件中提供了添加交互测试的功能，可以方便地在视频的任何位置添加交互测验，以测试学生的学习成果，而且还能够回收学生的测验结果进行统计，但是添加交互测试必须发布为 MP4 加 HTML5 播放器，在浏览器下才可以播放。

① 选择插入测验的位置，可以在时间线的任意位置插入测验环节。将播放指针移动到视频讲解刚刚完成，片尾即将开始前的位置，单击工具栏"More"选项中的"Quizzing"（测验）

按钮，如图 5-101 所示。

图 5-101　测验工具栏

② 点击测验属性面板上方的"Add Quiz"（添加测验）按钮，将"Quiz name"（测验名字）改为"微课程小测验"，如图 5-102 所示。

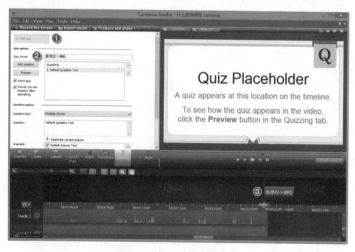

图 5-102　添加一个测验

③ 在测验属性面板上添加测验题。选择"Question type"（题型）中的选择题，在"Question"（问题）栏输入"微课程视频一般持续多长时间?"，依次输入候选项，每输完一行就敲回车键，最后指定正确答案，如图 5-103 所示。

④ 添加第二个测验题。选择测验属性面板中的"Add question"（添加问题）按钮，在"Question"栏输入"可汗学院的创始人是哪国人?"，依次输入候选项，每输完一行就敲回车键，最后指定正确答案，如图 5-104 所示。

⑤ 预览测验。点击测验属性面板中的"Preview"按钮，会在浏览器中预览生成的测验，最终的效果要等发布后才可以看到，预览效果如图 5-105、图 5-106 所示。

图 5-103　添加第一个测验题

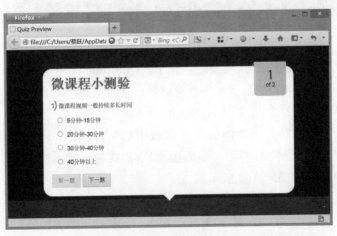

图 5-104　添加第一个测验题

图 5-105　预览第一个测验题

图 5-106 预览第二个测验题

5.4 PPT 录屏型微课程字幕制作

为更好帮助学生学习,一个完整的微课程是要包含有字幕的。本节主要讲述在 Camtasia Studio 8 中如何为剪辑完毕的视频添加字幕。完成后的微课程视频如图 5-107 所示。

图 5-107 添加字幕文件

① 将指针拖动到语音开始处,点击工具栏面板中的"Captions"(字幕)选项,如图 5-108 所示。

② 点击"Add caption media"(添加字幕媒体),输入字幕文字内容"各位同学大家好,今天我讲的微课程是什么是微课程",将字体设置为"微软雅黑",字号设置为"28",字体颜色设为白色,字幕背景设为黑色,如图 5-109 所示。从图上可以看出字幕开始的时间是 0∶00∶05∶10,结束时间的精确控制需要用鼠标不断调整。

③ 文字输入完毕后,在时间线的 Track8 轨道上生成一个字幕剪辑,字幕剪辑的默认时间为 4 秒钟,用鼠标拖动字幕右侧以调整字幕的结束时间,调整时可以双击字幕视频,然后敲键盘上的"Enter"键,进行试听,直到调整合适为止,如图 5-110 所示。

图 5-108　字幕工具栏

图 5-109　输入字幕

图 5-110　字幕视频调整

④ 将指针拖动到语音新的开始处,点击"Add caption media",输入字幕文字内容"在国内人们随着微课程实践的不断丰富和相关研究的不断深化",如图 5-111 所示。

图 5-111　字幕文字输入

⑤ 文字输入完毕后,在时间线的 Track8 轨道上生成一个字新的字幕剪辑,用鼠标拖动字幕右侧以调整字幕的结束时间,直到调整合适为止,如图 5-112 所示。

⑥ 生成的字幕如图 5-113 所示,采用同样的办法可以在整个时间线上添加字幕。

图 5-112　字幕视频调整

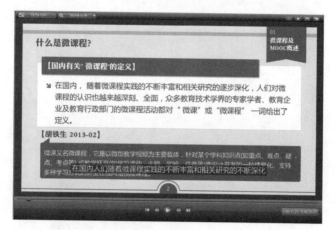

图 5-113　生成的字幕

5.5　PPT 录制型微课程视频输出

点击工具栏"Produce and share"（发布并分享）按钮，在弹出的发布向导对话框中选择"MP4 Only(up to 720p)"发布 720p 格式的 MP4 文件，如图 5-114 所示。

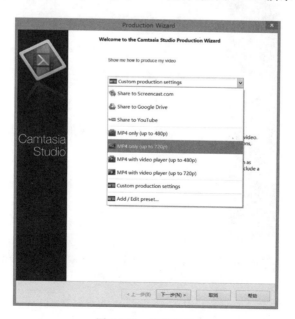

图 5-114　发布向导

由于本项目视频包含交互式测试等模块，如果仅发布 MP4 视频格式，则会损失这项功能，但如果仅为了使用视频播放器进行观看，则可以选择这种格式。接下来输入文件名、存储路径，如图 5-115 所示。

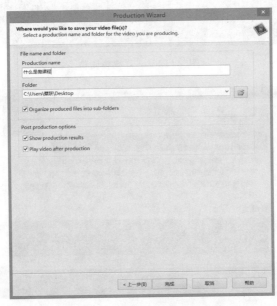

图 5-115   发布向导—文件名

点击"完成"按钮，直到发布完毕。

如果需要支持交互测试功能，在发布时要选择"MP4 with video player(up to 720p)"，即带有播放器支持的网页格式，如图 5-116 所示。

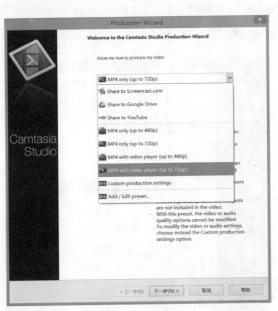

图 5-116   发布向导

点击"下一步"按钮,输入测试结果接收邮箱,如图 5-117 所示。

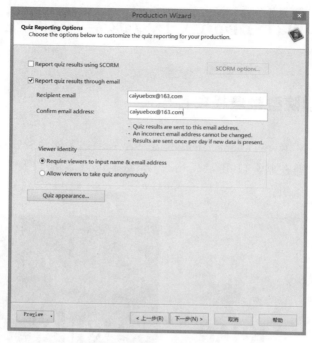

图 5-117　输入接收邮箱

点击"下一步"按钮,输入发布视频的文件名及存储路径,如图 5-118 所示。

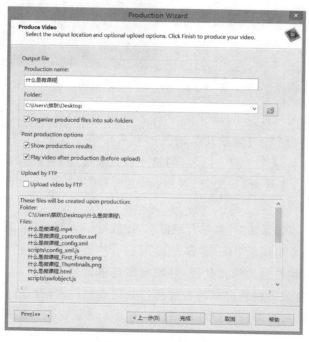

图 5-118　输入文件名

第6章 可汗学院型(手写板型)微课程制作

6.1 可汗学院型微课程项目描述

可汗学院(https://www.khanacademy.org/)是一个知名的免费在线学习平台,它是一个由比尔和梅琳达·盖茨基金(Bill&Melinda Gates Foundation)以及谷歌等公司提供经费支持的非营利性教育组织。

图 6-1 可汗学院(KHAN ACADMY)LOGO

可汗学院由萨曼·可汗(Salman Khan)于 2008 年创建,目前提供了超过 4000 段视频讲座,每段视频约 10 分钟,内容涉及从幼儿园到大学各个层次,学科涵盖数学、物理、生物、化学、计算机科学等众多学科。同时,网站还提供有练习和持续的评价,教师在教室或学校中使用的工具包,指导者(如父母、教师、教练等)使用的工具面板以及游戏奖励机制(奖章和积分)。

可汗学院的微课程包括数学、科学与经济学、计算机科学、人文学、测试准备(Test Prep)以及与著名高校(如:斯坦福医学院、麻省理工学院)合作的医学、实验等,其内容主要以电子黑板和教师旁白讲授相结合的形式呈现,并配有多国语言的讲授字幕。其中理科课程较为完整和系统,教师通常采用例题讲解的方式进行知识点的讲授,没有过多的导入,直接进入主题。除基本课程外,每个专题还设有相应的拓展性内容(Additional Content)供学生提升能力。

可汗学院利用了网络传送的便捷与录影重复利用成本低的特性,每段课程影片长度约 10 分钟,从最基础的内容开始,以由易到难的进阶方式互相衔接。教学者本人不出现在影片中,用的是一种电子黑板系统。可汗学院的微课程就是在一块触控面板上面,点选不一样颜色的彩笔,一边画,一边录音,使用电脑软件将所画的东西全部录下来。

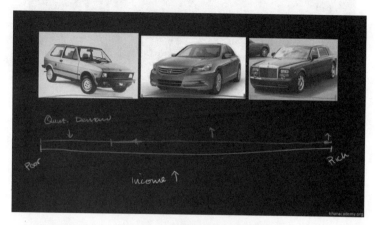

图 6-2　可汗学院微课程举例

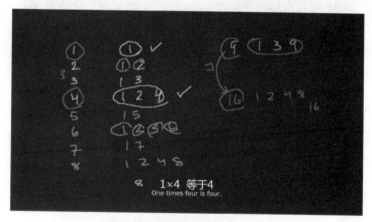

图 6-3　可汗学院微课程举例

6.2　可汗学院型微课程制作设备

哈佛毕业的萨尔曼·可汗在衣帽间里创造了一种前所未有的教育方式:用不过 300 美元的视频设备录制教学视频,放到网上供人们免费学习。在这个衣帽间里,可汗用 25 美元的罗技耳麦、200 美元的桌面录像软件 Camtasia Studio、80 美元的手写板 Wacom Bamboo Tablet 以及免费绘图软件 SmoothDraw3 录制了 4000 多个教学视频放在网上。

6.3　可汗学院型微课程录制

本章的项目教大家制作如图 6-4、图 6-5、图 6-6、图 6-7、图 6-8、图 6-9 所示的可汗学院型微课程。

微课程设计与制作教程

图 6-4　可汗学院型微课程片头画面

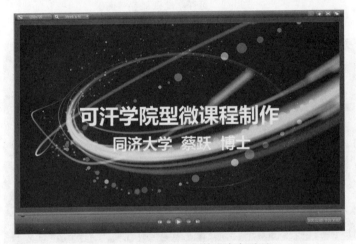

图 6-5　可汗学院型微课程片头画面

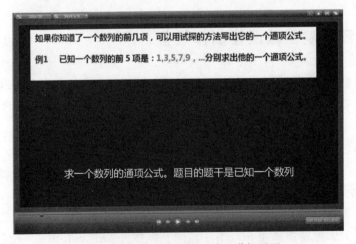

图 6-6　可汗学院型微课程输入讲解画面

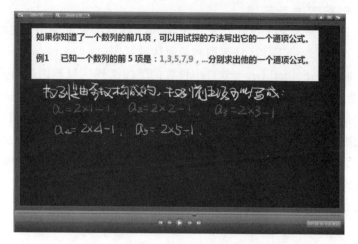

图 6-7　可汗学院型微课程输入讲解画面

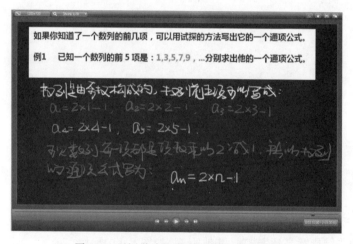

图 6-8　可汗学院型微课程输入讲解画面

图 6-9　PPT 录制型微课程片尾

6.3.1 录制前的准备工作

① 连接好手写板,启动 SmoothDraw 软件,在 SmoothDraw 软件中设置绘图工具区域范围。这里要注意处理好绘图工作区域范围和录制区域范围(由 Camtasia Studio 软件确定)二者之间的关系。通常在 SmoothDraw 软件中设置的绘图工作区域范围要略大于录制区域范围,这是因为很难将 Camtasia Studion 软件中预先设定的区域精确地对准 SmoothDraw 的边界。在 16:9 宽屏格式下,一般选用的录制区域范围为 800×450 像素、1024×576 像素、1280×720 像素或者 1366×576 像素模式。本例选用 1024×576 像素的模式,故将绘图工具区域范围设为 1124×676 像素,在上下左右四周预留 50 像素的边界,二者的关系如图 6-10 所示。有时可以将高度方向设置大一点,用于画面沿高度方向滚动,可汗在自己录制的微课程中多次用到沿高度方向滚动的操作。

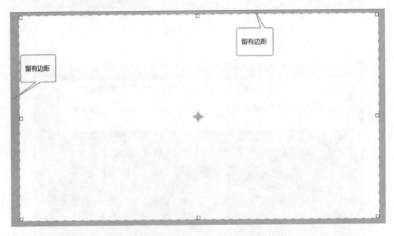

图 6-10   绘图区域与录制区域关系

② 点击"画板"菜单中的"更改尺寸"子菜单,在弹出的对话框中设置宽为 1124 像素,高为 676 像素,去掉"保持宽高比"选项,其他不变,如图 6-11 所示。

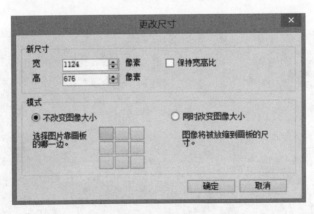

图 6-11   更改画板尺寸对话框

③ 将"背景层"设为黑色。在"前景色"工具面板设置前景色为黑色,选择"填充"工具,如图 6-12 所示。在绘图区白色区域单击鼠标左键,将图层设置为黑色。

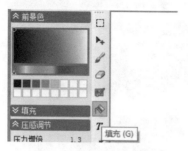

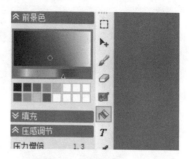

图 6-12　设置前景色　　　　　　　　图 6-13　设置笔的颜色

④ 设置笔的颜色。在可汗学院的微课程中,可汗会在书写过程中不断变换画笔的颜色,可以突出显示,加强显示的效果。拖动颜色滚动条到蓝色位置,然后用鼠标左键在前景色蓝色区域单击,然后移动鼠标到任意的一个小方格上单击鼠标右键,这时在这个小方格中就存储了鼠标所选择的的颜色,用同样的方法将红色、黄色、绿色等常用颜色的笔预先设定好,在授课过程中就可以随意进行切换了,如图 6-13 所示。

⑤ 讲解前的文字输入工作,或者手写输入要讲解的内容,如标题或题干等。如图所示,本例为大家讲解高中数学数列知识中的通项公式的求解,准备工作如下。单击左侧工具栏上的"文本"工具,在"Input Text"框中输入文字内容,并单击左侧"文本"工具面板中"T Font"设置字体为"微软雅黑",字形为"粗体",字号为"二号",如图 6-14 所示。将文字移动到合适的位置,然后再关闭"Input Text"栏,关闭后字体将不能再被移动。

图 6-14　SmoothDraw 中的文字输入功能

⑥ 图 6-15 是采用 SmoothDraw 中的文字输入功能完成的讲解前的准备工作。

⑦ 由于 SmoothDraw 中的文字输入功能相对简单,可通过 Office Word 等功能强大的文字处理工具先行录入,然后通过截图,注意截图的尺寸必须小于 SmoothDraw 画布尺寸,图 6-16 所示是先用 Office Word 软件制作的准备文字内容的截图。

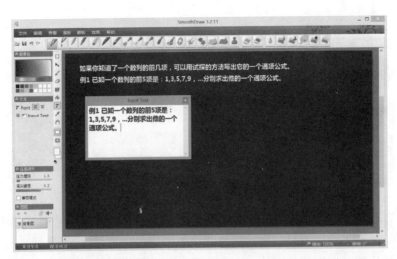

图 6-15　文字输入完毕

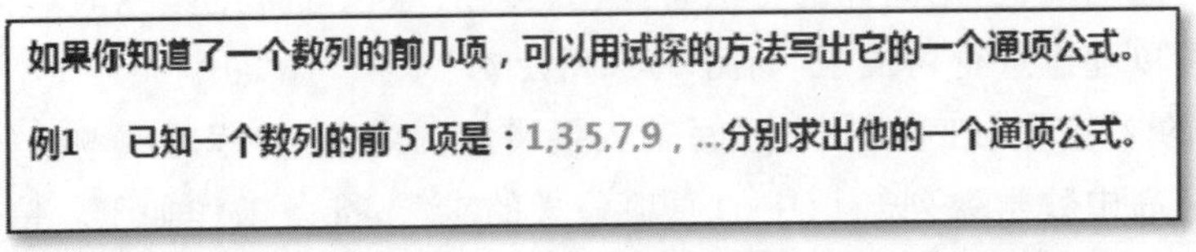

如果你知道了一个数列的前几项，可以用试探的方法写出它的一个通项公式。

例1　已知一个数列的前 5 项是：1,3,5,7,9，…分别求出他的一个通项公式。

图 6-16　Office Word 软件制作的准备文字内容的截图

⑧ 使用 SmoothDraw"图层"工具面板中"操作"选项中的"导入图层图像"命令，可以选择要导入的图像，如图 6-17 所示。选择"第 6 章"文件夹中的"插图.jpg"图片，导入背景层，导入后的效果如图 6-18 所示。

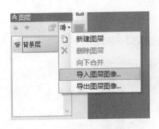

图 6-17　导入图层图像操作

⑨ 也可以使用手写板绘制准备文字。选择"画笔"的种类为"钢笔"，设置钢笔颜色为"白色"，设置笔尖直径为"3"，墨水流量为"60％"，压力增倍为"1.3"，笔尖硬度为"0.2"，用手写板依次书写相关文字内容，输入完毕的效果如图 6-19 所示。

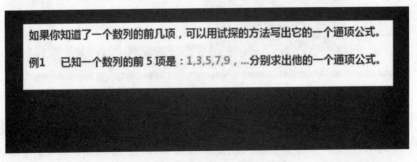

图 6-18　导入图像后的图层效果

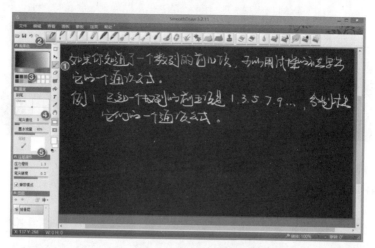

图 6-19　手写板输入的效果

⑩ 本例选用为图层插入背景图像的模式，如图 6-20 所示。

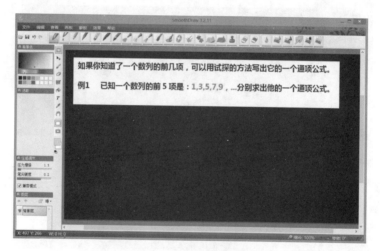

图 6-20　插入背景图像效果

⑪ 启动 Camtasia Studio 软件，选择"Record the screen"录制屏幕，如图 6-21 所示。

图 6-21　启动 Camtasia Studio 软件

⑫ 选择"Select area"录制区域选项中的"Custom"，输入宽度为"1024"像素，高度为"576"像素，如图 6-22 所示。

图 6-22　设置选择录制区域

⑬ 移动和调整要录制的区域范围，如图 6-23 所示，图中绿色的虚线就是要录制的范围。

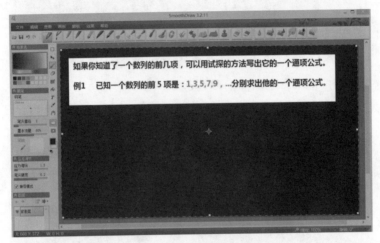

图 6-23　移动和调整录制区域

⑭ 调整好录制范围后，点击 Camtasia Studio 软件录制中的"rec"按钮，开始录制，此时 SmoothDraw 软件的效果如图 6-24 所示。

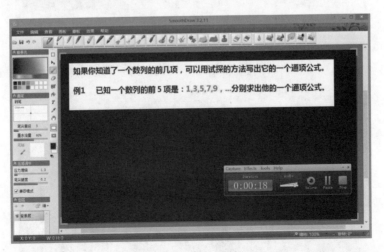

图 6-24　开始录制

6.3.2 可汗学院微课程录制过程

① 选择"画笔"的种类为"钢笔",设置钢笔颜色为"白色",设置笔尖直径为"3",墨水流量为"60%",压力增倍为"1.3",笔尖硬度为"0.2",用手写板依次书写相关文字内容,书写的同时用自然的声音进行讲解,注意讲解的速度要配合手写板的书写速度,二者要保持一致,否则会影响学习者的注意力及视频的质量。输入完毕的效果如图 6-25 所示。

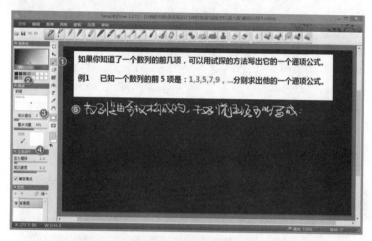

图 6-25 用手写板进行输入

② 用鼠标点取颜色选择框中的"蓝色",移动鼠标选择时尽量绕开录制区域。设置钢笔颜色为"蓝色",其他参数不变,用手写板书写蓝色文字内容,输入完毕的效果如图 6-26 所示。

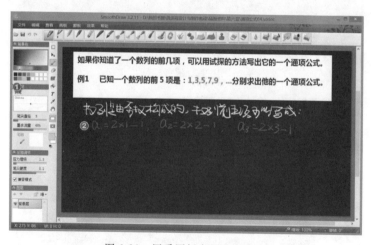

图 6-26 用手写板书写蓝色文字

③ 用鼠标点取颜色选择框中的"绿色",设置钢笔颜色为"绿色",其他参数不变,用手写板书写绿色文字内容,输入完毕的效果如图 6-27 所示。

④ 用鼠标点取颜色选择框中的"红色",设置钢笔颜色为"红色",其他参数不变,用手写板书写红色文字内容,输入完毕的效果如图 6-28 所示。

⑤ 用鼠标点取颜色选择框中的"黄色",设置钢笔颜色为"黄色",其他参数不变,用手写板书写黄色文字内容,输入完毕的效果如图 6-29 所示。

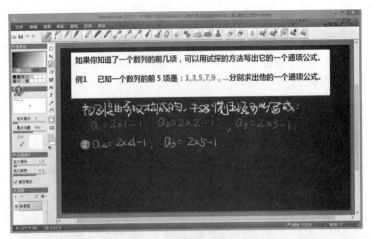

图 6-27　用手写板书写绿色文字

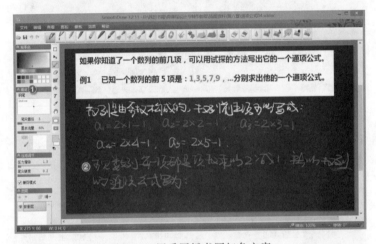

图 6-28　用手写板书写红色文字

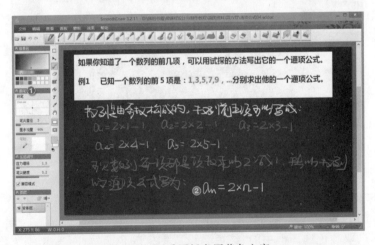

图 6-29　用手写板书写黄色文字

　　⑥ 如果输入错误,则不用全部重来,可以选择一块黑色背景区域,使用先复制再粘贴,使用背景色进行覆盖,如图 6-30 所示。也可以使用 Ctrl＋Z 键后退至合适的时间。

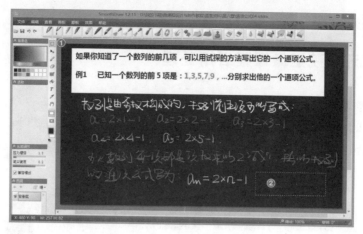

图 6-30　选择黑色背景区域

⑦ 使用 Ctrl＋V 键粘贴，将生成的黑色色块用鼠标拖动到黄色文字位置处进行覆盖，效果如图 6-31 所以。覆盖的视频录制可以在后期编辑时进行去除。

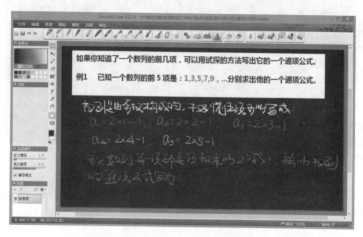

图 6-31　覆盖后的效果

⑧ 选择"画笔"的种类为"钢笔"，设置钢笔颜色为"黄色"，重新输入正确的内容，如图 6-32 所示。

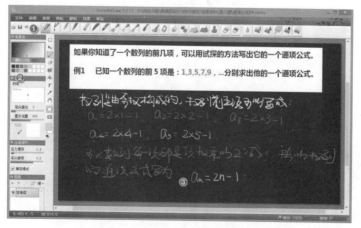

图 6-32　重写书写正确的内容

6.4 可汗学院型微课程后期处理

6.4.1 导入可汗微课程项目文件

① 停止录制时按下键盘上的 F10 键结束录制，并自动弹出如图 6-33 所示的录制效果预览窗口框，点击预览窗口左下方的"shrink to fit"可以缩放视频到窗口的大小，这样可以预览视频界面。

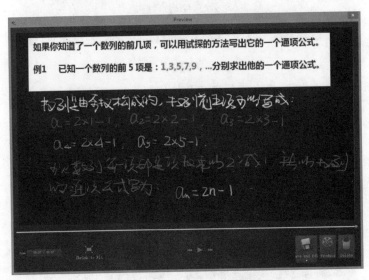

图 6-33 录制完毕后的预览效果

② 预览后如果没有问题，点击右下角的"Save and Edit"按钮，弹出保存对话框，起名为"通项公式-3"，保存格式为＊.camrec，如图 6-34 所示。

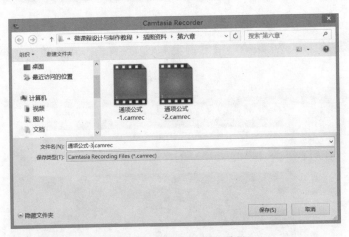

图 6-34 保存录制的微课程

③ 这时会启动 Camtasia Studio 软件，弹出如图 6-35 所示的设置"尺寸"对话框，默认的是"Width"为 854 像素，"Height"为 480 像素。本例录制时电脑的分辨率为 1024×576 像素，

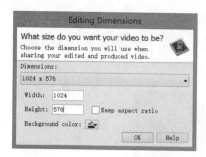

图 6-35 "尺寸设置"对话框

故在"尺寸"编辑对话框中输入"Width"为 1024 像素，"Height"为 576 像素。视频的尺寸在编辑过程中随时可以进行改变，最好将此时的视频尺寸与最后要发布所需要的尺寸设为一致。

④ 点击"尺寸设置"对话框中的"OK"按钮，完成视频尺寸设置，进入视频编辑操作页面，如图 6-36 所示。

⑤ 在进行编辑前需要将录制的视频保存为 Camtasia 的一个项目，单击"File"菜单中的"Save project"命令保存项目，起名为"可汗学院微课程"，注意项目文件的扩展名为 *.camproj，一个好的习惯是将项目文件与前面录制的微课程视频保存在同一个目录下，以便于后期管理。

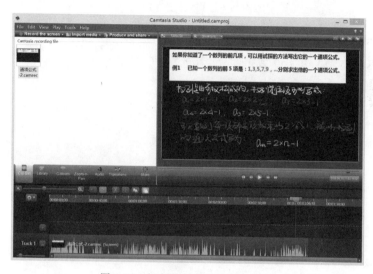

图 6-36　视频编辑程序界面对话框

6.4.2　添加微课程片头

① 点击"Import media"，弹出文件选择对话框，选择"第 6 章"文件夹中的"片头.mov"素材，将其导入到 Clip Bin 剪辑库，预览可以看到片头的时间是 4 秒钟，如图 6-37 所示。

图 6-37　导入片头素材

微课程设计与制作教程

② 片头素材应该位于视频最开始的部分，所以要将原有两根视频轨道上的素材向右移动从而给片头预留位置，点击 Track1 轨道最左侧的视频，选中视频素材，按住 shift 键，使用鼠标左键将素材向右移动大约 4 秒的长度。操作完毕如图 6-38 所示。

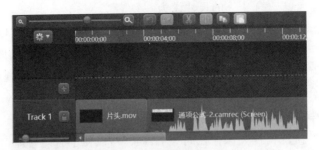

图 6-38　在视频轨上移动素材

③ 点击"Import media"，弹出文件选择对话框，选择"第 6 章"文件夹中的"片头音乐.mp3"素材，将其导入到 Clip Bin 剪辑库，如图 6-39 所示。

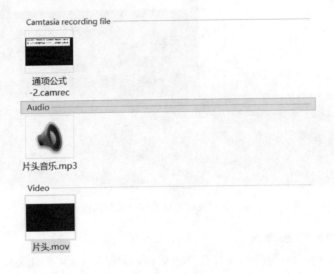

图 6-39　导入片头音乐素材到剪辑库

④ 将"片头音乐.mp3"素材用鼠标左键拖动到 Track2 轨道，并用鼠标拖动到轨道最左边，如图 6-40 所示。

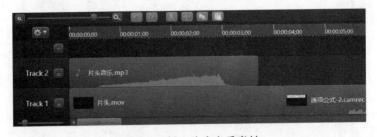

图 6-40　插入片头音乐素材

⑤ 添加片头文字,点击工具栏上的"Callouts"按钮,如图 6-41 所示。

图 6-41 选择"Callouts"操作

⑥ 在文本框中输入"可汗学院型微课程制作",然后选中文字,将字体设置为"微软雅黑"、"加粗",字号设为"60",颜色设为"白色",效果图 6-42 所示。

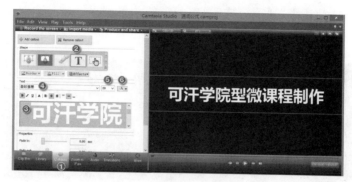

图 6-42 片头文字效果

⑦ 此时可以看到 Track3 轨道上出现一个文字剪辑,如图 6-43 所示。

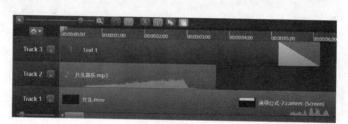

图 6-43 Track3 轨道上的片头文字

⑧ 为片头字幕添加淡入淡出效果。将字幕"Fade in"时间设为 2 秒,"Fade out"时间设为 1.5 秒,如图 6-44 所示。

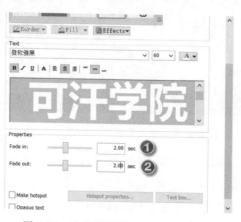

图 6-44 片头字幕添加淡入淡出效果

⑨ 调整片头文字持续时间到 6 秒。一种办法是把鼠标移动到字幕结束为止，变成可以拖动形状时按住鼠标左键向左侧拖动字幕剪辑，到时间线 6 秒位置处松开鼠标。第二种办法是精确控制片头文字持续时间，在片头字幕上单击鼠标右键，在弹出的快捷菜单中选择"Duration"选项，如图 6-45 所示。

⑩ 在持续时间选项的时间输入栏输入"6"秒，如图 6-46 所示。

⑪ 调整 Track1 轨道上"通项公式"视频剪辑的位置到字幕片头刚好结束的位置，如图 6-47 所示。

图 6-45 "Duration"选项

图 6-46 设置"Duration"选项

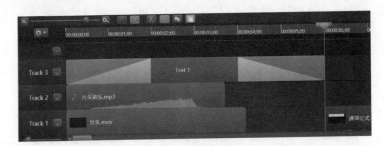

图 6-47 调整 Track1 轨道上"通项公式"视频剪辑

⑫ 点击 Track3 轨道上方的加号，插入一个新的 Track4 轨道，如图 6-48 所示。

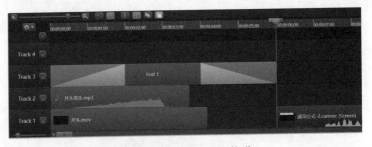

图 6-48 添加 Track4 轨道

⑬ 在 Track4 轨道上单击鼠标左键，再次执行工具栏上的"Callouts"工具中的 Text 文字操作，在文本框中输入"同济大学　蔡跃　博士"，然后选中文字，将字体设置为"微软雅黑"、"加粗"，字号设为"45"，颜色设为"白色"，并在右侧预览窗口中将字幕位置调整好，最后的效果图 6-49 所示。

图 6-49　第二行片头字幕效果

⑭ 此时可以看到 Track4 轨道上出现一个文字剪辑,如图 6-50 所示。

图 6-50　Track4 轨道上的片头字幕剪辑

⑮ 调整 Track4 轨道的片头字幕持续时间,并添加淡入淡出效果。将 Track4 轨道的字幕"Fade in"时间设为 2.0 秒,"Fade out"时间设为 2.0 秒,再次调整字幕剪辑的持续时间,与 Track3 轨道上的文字时间一致,如图 6-51 所示。

图 6-51　调整 Track4 轨道上的片头字幕剪辑持续时间

⑯ 片头制作完毕,效果如图 6-52 所示。

图 6-52　片头预览效果

6.4.3 添加微课程字幕

① 将指针拖动到语音开始处,点击工具栏面板中的"Captions"按钮,如图 6-53 所示。

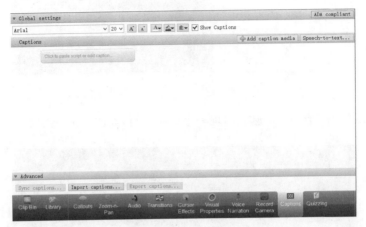

图 6-53　字幕工具栏

② 点击"Add caption media",输入字幕文字内容"各位同学大家好,本例为大家讲解数学中如何",将字体设置为"微软雅黑",字号设置为"24",字体颜色设为白色,字幕背景设为黑色,如图 6-54 所示。从图上可以看出字幕开始的时间是 0:00:07:03,结束时间的精确控制需要用鼠标进行调整。

图 6-54　输入片中字幕

③ 文字输入完毕后,在时间线的 Track4 轨道上生成一个字幕剪辑,字幕剪辑的默认时间为 4 秒钟,用鼠标拖动字幕右侧以调整字幕的结束时间,调整时可以双击字幕视频,然后敲键盘上的 Enter 键,进行试听,直到调整合适为止,如图 6-55 所示。

图 6-55　字幕视频调整

④ 此时添加的字幕效果如图 6-56 所示。

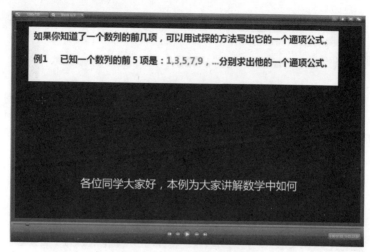

图 6-56　添加字幕后的效果

⑤ 将指针拖动到语音新的开始处，点击"Add caption media"，输入字幕文字内容"求一个数列的通项公式。题目的题干是已知一个数列"，如图 6-57 所示。

图 6-57　字幕文字输入

⑥ 文字输入完毕后，在时间线的 Track4 轨道上生成一个新的字幕剪辑，用鼠标拖动字幕右侧以调整字幕的结束时间，直到调整合适为止，如图 6-58 所示。

图 6-58　字幕视频调整

⑦ 生成的字幕如图 6-59 所示，采用同样的办法可以在整个时间线上添加字幕。

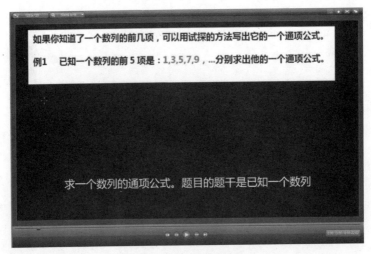

图 6-59　生成的字幕

6.4.4　添加交互测试

可汗学院型微课程一个吸引人的环节是在每一段视频学习完毕后会进行 10 个题的小测验，全部做对后再开始进入下一个视频的学习。在 Camtasia Studio 8 软件中提供了添加交互测试的功能，可以方便地在视频的任何位置添加交互测验，以测试学生微课程的学习成果，而且还能够回收学生的测验结果进行统计。添加交互测试后必须发布为 MP4 加HTML5 播放器格式，而且只有在网页浏览器下才可以进行交互式测试。

① 选择插入测验的位置，可以在时间线的任意位置插入测验环节。将播放指针移动到视频片尾的位置，单击工具栏"More"选项中的"Quizzing"功能，如图 6-60 所示。

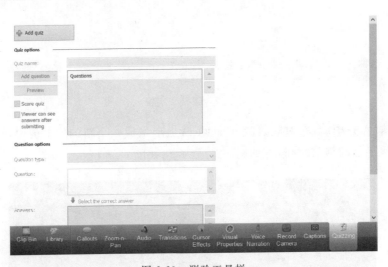

图 6-60　测验工具栏

② 点击测验属性面板上方的"Add Quiz"，将"Quiz name"改为"通项公式小测验"，如图6-61 所示。

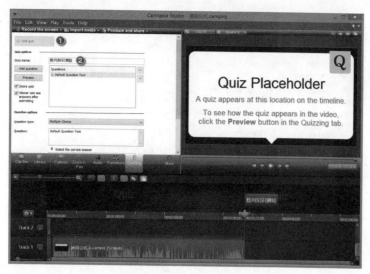

图 6-61　添加一个测验

③ 在测验属性面板上添加测验题。选择"Question type"中的"Multiple Choice"，在"Question"栏输入"已知一个数列的前五项是 2,4,6,8,10 . . .，则该数列的通项公式是？"，依次输入候选项，每输完一行就敲回车键，最后指定正确答案，如图 6-62 所示。

图 6-62　添加第一个测验题

④ 添加第二个测验题。点击测验属性面板中的"Add question"按钮，选择"Question type"中的"Multiple Choice"，在"Question"栏输入"已知一个数列的前五项是 4,9,14,19,24 . . .，则该数列的通项公式是？"，依次输入候选项，每输完一行就敲回车键，最后指定正确答案，如图 6-63 所示。

⑤ 添加第三个测验题，填空题。选择测验属性面板中的"Add question"按钮，选择"Question type"中的"Fill in the Blank"，在"Question"栏输入"已知一个数列的前五项是 4,

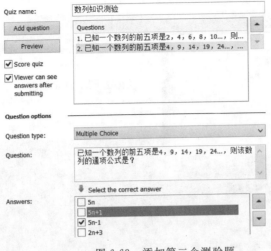

图 6-63 添加第二个测验题

$7, 10, 13, 16 \dots$，则该数列的通项公式是？"，在答案栏输入正确选项为"$3n - 1$"候选项，如图 6-64 所示。

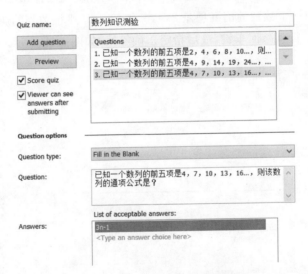

图 6-64 添加第三个测验题

⑥ 此时时间线上的效果如图 6-65 所示。

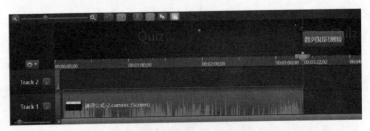

图 6-65 预览第一个测验题

⑦ 预览测验。点击测验属性面板中的"Preview"按钮，会在浏览器中预览生成的测验，最终的效果要等发布后才可以看到，预览效果如图 6-66、图 6-67、图 6-68 所示。

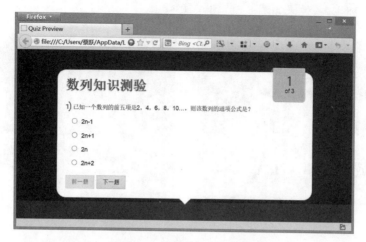

图 6-66　预览第一个测验题

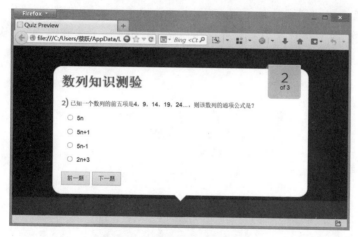

图 6-67　预览第二个测验题

图 6-68　预览第三个测验题

6.4.5 添加片尾

本例片尾的效果是字体"感谢您观看本节微课程"从屏幕下侧飞入,同时可汗学院LOGO从页面上部飞入,效果如图 6-69、图 6-70 所示。

图 6-69　片尾字体进入

图 6-70　片尾 LOGO 进入

操作如下:

① 将播放指针移动到视频最尾部,在 Trac1 轨道单击鼠标左键,选择"Callouts"选项中的"Text",输入"感谢您观看本节微课程",然后将文字选中,字体修改为"微软雅黑",字号改为"60",加粗,并设置"Fade in"时间为 0 秒,"Fade out"时间为 0 秒,如图 6-71 所示。

图 6-71　设置字体属性

② 将片尾字体剪辑用鼠标调整到视频轨道最后端,在片尾字体剪辑上单击鼠标右键,选择"Duration ...",将视频持续时间调整为 8 秒,如图 6-72 所示。

③ 设置片尾字体入场时的位置。本例片尾字体视频入场的效果是从屏幕下侧飞入屏幕中间的位置。选中片尾字体剪辑,点击工具栏"More"选项的"Visual Properties",在属性面板中将"Position"的 Y 坐标设为 -400,其他参数不变,如图 6-73 所示。

④ 此时片尾字体视频入场时的位置已经位于屏幕外,为片尾文字视频添加入场动画效

图 6-72　设置片尾字体持续时间

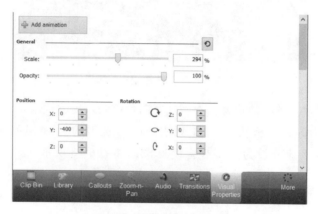

图 6-73　视频属性设置面板

果。在视频轨道上选择视频素材,将播放指针移动到视频开始后大约 3 秒钟的位置,点击"Visual Properties",在属性面板左上方点击"Add animation"按钮,此时在视频素材时间线的位置处添加了一个动画关键帧。双击关键帧右侧的蓝色圆点,对动画关键帧进行编辑,在"Visual Properties"属性面板中将"Position"的 Y 坐标设为－150。用鼠标左键点击选中动画关键帧,按住左键拖动动画关键帧的起点到视频最开始的位置,调整动画持续时间,如图 6-74 所示。

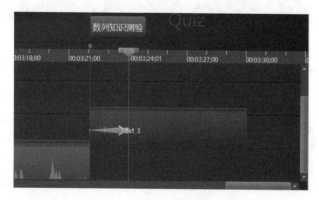

图 6-74　片尾文字动画关键帧

⑤ 点击"Import media"按钮,导入"第 6 章"文件夹中的"可汗学院 logo. png"图片素材,并将其拖动到片尾文字上方的轨道,将开始部分与片尾文字视频动画关键帧结束处对齐,如图 6-75 所示。

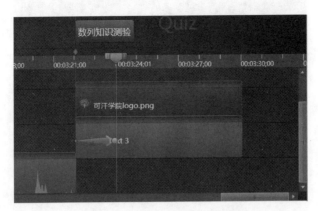

图 6-75　插入片尾图片的轨道

⑥ 设置片尾图片入场时的位置。本例片尾图片视频入场的效果是从屏幕上方飞入屏幕中间的位置。选中片尾图片剪辑,点击工具栏"More"选项的"Visual Properties",在属性面板中将"Position"的 X 坐标设为 0、Y 坐标设为 535,如图 6-76 所示。

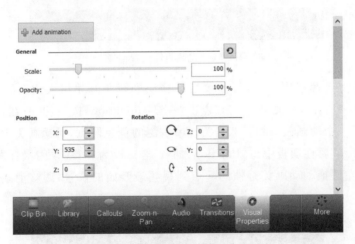

图 6-76　视频属性设置面板

⑦ 此时片尾图片视频入场时的位置已经位于屏幕上方,为片尾图片视频添加入场动画效果。在视频轨道上选择图片视频素材,将播放指针移动到大约 3 秒钟的位置,点击"Visual Properties",在属性面板左上方点击"Add animation"按钮,此时在图片视频素材时间线的位置处添加了一个动画关键帧。双击关键帧右侧的蓝色圆点,对动画关键帧进行编辑,在"Visual Properties"属性面板中将 X 坐标设为 0、Y 坐标设为 105。用鼠标左键点击选中动画关键帧,按住左键拖动动画关键帧的起点到视频最开始的位置,调整动画持续时间,如图 6-77 所示。

至此已经完成片尾的全部操作。

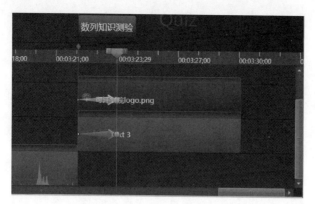

图 6-77　片尾图片动画关键帧

6.5　可汗学院型微课程视频输出

6.5.1　输出为 MP4 格式

点击工具栏"Produce and share"按钮,在弹出的发布向导对话框中选择"MP4 Only(up to 720p)",发布 720p 格式的 MP4 文件,如图 6-78 所示。

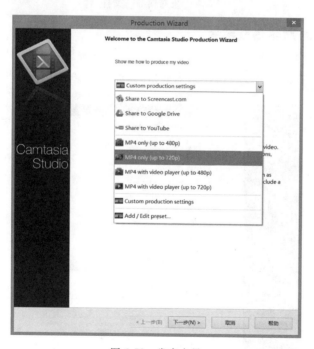

图 6-78　发布向导

由于本项目视频包含交互式测试等模块,如果仅发布 MP4 视频格式,则会损失这项功能。但如果仅为了使用视频播放器进行观看,则可以选择这种格式。接下来输入文件名、存储路径,如图 6-79 所示。

点击"完成",直到发布完毕。

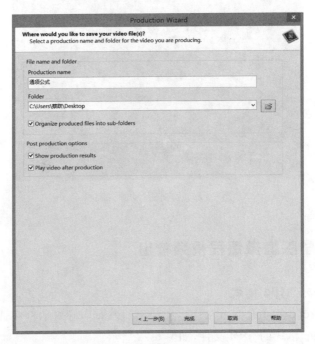

图 6-79　发布向导—文件名

6.5.2　输出为网络播放格式

由于本例含有交互式测试,要做交互式测验,在发布时要选择"MP4 with video player (up to 720p)",即带有播放器支持的网络播放格式,如图 6-80 所示。

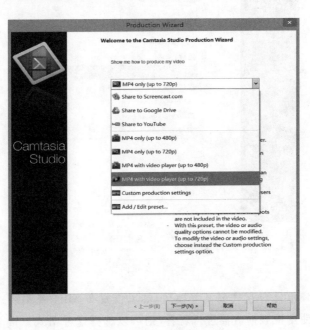

图 6-80　发布向导

点击"下一步",输入测试结果接收邮箱,如图 6-81 所示。

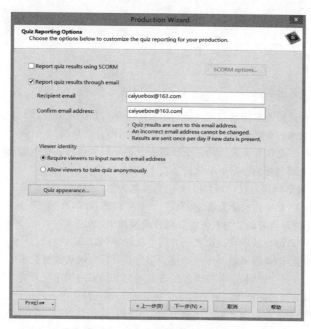

图 6-81　输入接收邮箱

点击"下一步",输入发布视频的名字及存储路径,如图 6-82 所示。

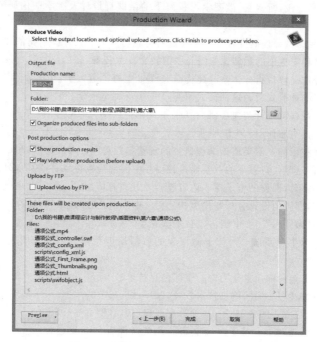

图 6-82　输入文件名、选择存储路径

参考文献

［1］ 胡铁生.中小学微课建设与应用难点问题透析［J］.中小学信息技术教育,2013,04:15—18.

［2］ 胡铁生.微课的内涵理解与教学设计方法［J］.广东教育(综合版),2014,04:33—35.

［3］ 胡铁生,黄明燕,李民.我国微课发展的三个阶段及其启示［J］.远程教育杂志,2013,04:36—42.

［4］ 焦建利.微课及其应用与影响［J］.中小学信息技术教育,2013,04:13—14.

［5］ 胡洁婷.MOOC环境下微课程设计研究［D］.上海师范大学,2013.

［6］ 岑健林,胡铁生.微课:数字化教学资源新形式［J］.教育信息技术,2013,04:19—21.

［7］ 黄建军,郭绍青.论微课程的设计与开发［J］.现代教育技术,2013,05:31—35.

［8］ 黄燕青.翻转课堂中微课程教学设计模式研究［J］.软件导刊,2013,06:157—159.

［9］ 张晓君,李东哲,陈雷.微课程视频制作中的注意引导设计［J］.现代教育技术,2013,08:105—107.

［10］ 梁乐明,梁锦明.从资源建设到应用:微课程的现状与趋势［J］.中国电化教育,2013,08:71—76.

［11］ 赵冀.基于TED学习模式的微课程研究［J］.才智,2013,19:101.

［12］ 寻素华.浅析微课程开发在校内外的应用研究［J］.中国电化教育,2013,09:123—126.

［13］ 余剑波,王陆.微课程设计的点链圈(PLC)模型研究［J］.远程教育杂志,2013,05:32—37.

［14］ 唐军,李金钊.中小学微课程研究综述［J］.上海教育科研,2013,09:55—57＋90.

［15］ 朱宏洁,朱赟.翻转课堂及其有效实施策略刍议［J］.电化教育研究,2013,08:79—83.

［16］ 李小刚,王运武,马德俊,靳素丽.微型学习视野下的微课程设计及教学应用研究［J］.现代教育技术,2013,10:31—35.

［17］ 李巧芳,杨文美.我国微课程研究现状及发展趋势分析［J］.中国教育技术装备,2013,30:12—14.

［18］ 高佳乐.浅析微课程支撑下的翻转课堂［J］.中国教育技术装备,2013,30:93—94.

［19］ 唐泽.教师微课程作品评价指标体系的建构研究［D］.上海师范大学,2013.

［20］ 周洁.基于微课程的体验式教师培训模式研究［D］.上海师范大学,2013.

［21］ 刘新英.中学数学微课程设计与应用研究［D］.上海师范大学,2013.

［22］ 张琛.微课程的设计与制作［J］.中国职业技术教育,2013,35:29—32＋46.

［23］ 王晋抚.基于网络技术的高职英语微课程研究的现状与趋势［J］.海外英语,2013,24:80—81.

［24］ 刘长海.微课程:信息时代背景下的教学新途径［J］.中国现代教育装备,2013,24:66—67.

［25］ 何文涛,张新明.基于微课程的电子课本内容整合及其教育应用［J］.中国电化教育,2013,12:89—95.

［26］ 刘名卓,祝智庭.微课程的设计分析与模型构建［J］.中国电化教育,2013,12:127—131.

［27］ 樊绮.微时代中看"微课程"［J］.中国信息技术教育,2012,11:6.

［28］ 刘静波.构建微学习生态系统——基于微课程的教师培训新模式［J］.中国信息技术教育,2012,11:9—11.

［29］ 李玉平.微课程——走向简单的学习［J］.中国信息技术教育,2012,11:15—19.

［30］ 张静然.微课程之综述［J］.中国信息技术教育,2012,11:19—21.

［31］ 王新乙.微课程:学习方式的变革［J］.基础教育课程,2013,Z1:94—95.

［32］ 李玉平.如何开发微课程——基于一篇文章的八集微课程的开发过程［J］.基础教育课程,2013,Z1:96—99.

［33］ 金陵.视听一致性——微课程开发的成功之道［J］.中国信息技术教育,2013,05:22.

［34］ 阮晓蕾.微课程在信息技术教学中的探索［J］.新课程(中学),2013,04:152—153.

［35］ 金陵.从联系中看MOOC、微课和微课程［J］.中国信息技术教育,2013,06:33.

［36］ 陈利.浅谈微课程的信息化教学模式设计［J］.中国信息技术教育,2013,Z1:203—205.

［37］ 龙丽嫦.何为微课程——三类"微课程"的对比分析［J］.中小学电教,2013,09:17—19.

[38] 蒋佳龙.基于微课程的在线教育应用模式研究[J].中小学电教,2013,Z2:30—32.

[39] 李佳.点线面课程:新媒体背景下的微课程[J].新课程(综合版),2013,11:63—64.

[40] 樊绮.剖析微课程实践翻转课堂[J].中国信息技术教育,2013,12:4.

[41] 周青政.微课程的内涵、特征及应用研究[J].课程教育研究,2013,31:255—256.

[42] 金陵.从微课程的属性入手认识微课程[J].中国信息技术教育,2013,11:21.

[43] 刘海华,杨飞,焦伟婷,薛枝梅.微课程促进教师专业发展的机制与策略[J].考试周刊,2013,71:13—15.

[44] 李永芹.信息技术背景下微课程开发和应用的认识与实践[J].中国教育技术装备,2014,05:29—30.

[45] 郑小军,张霞.微课的六点质疑及回应[J].现代远程教育研究,2014,02:48—54.

[46] 姜玉莲.微课程研究与发展趋势系统化分析[J].中国远程教育,2013,12:64—73+84.

[47] 单从凯,王丽.微课程的开发与应用[J].中国远程教育,2013,12:74—77.

[48] 张晓君,李雅琴,王浩宇,丁雪梅.认知负荷理论视角下的微课程多媒体课件设计[J].现代教育技术,2014,02:20—25.

[49] 钟琦,武志勇.高校计算机基础课程的"微课程"教学模式研究[J].现代教育技术,2014,02:26—33.

[50] 陈怡,赵呈领.基于翻转课堂模式的教学设计及应用研究[J].现代教育技术,2014,02:49—54.

[51] 姚正东.微课程设计策略探微[J].中小学信息技术教育,2012,06:25—26.

[52] 陈国安.微课程研究策略的思考[N].中国教师报,2012-11-07015.

图书在版编目（CIP）数据

微课程设计与制作教程/蔡跃著. —上海：华东师范
大学出版社，2014.7
ISBN 978-7-5675-2357-9

Ⅰ.①微…　Ⅱ.①蔡…　Ⅲ.①课程设计—教材
Ⅳ.①G423

中国版本图书馆 CIP 数据核字(2014)第 173163 号

微课程设计与制作教程

著　　者　蔡　跃
责任编辑　赵建军　蒋梦婷
装帧设计　徐颖超

出版发行　华东师范大学出版社
社　　址　上海市中山北路 3663 号　邮编 200062
网　　址　www.ecnupress.com.cn
电　　话　021-60821666　行政传真 021-62572105
客服电话　021-62865537　门市(邮购)电话 021-62869887
地　　址　上海市中山北路 3663 号华东师范大学校内先锋路口
网　　店　http://hdsdcbs.tmall.com

印 刷 者　上海市崇明县裕安印刷厂
开　　本　787×1092　16 开
印　　张　13.5
字　　数　305 千字
版　　次　2014 年 8 月第 1 版
印　　次　2020 年 8 月第 13 次
书　　号　ISBN 978-7-5675-2357-9/G·7540
定　　价　34.00 元

出 版 人　王　焰

(如发现本版图书有印订质量问题,请寄回本社客服中心调换或电话 021-62865537 联系)